現代を生きる若者たち

木村 雅文 編著
Masahumi Kimura

学文社

執　筆　者

＊木村　雅文　大阪商業大学総合経営学部教授（第1〜5章）
　柴田　由己　元大阪商業大学JGSS研究センター研究員（第7章）
　上ノ原秀晃　文教大学人間科学部講師（第6章）
　濱田　国佑　駒澤大学文学部講師（第8章）

＊は編者　執筆順

はしがき

　厚生労働省が作成している最近の「生命表」によれば，現代日本の若者たちは男女平均して60数年の余命をもっていると推計されています。つまり，彼らの多くは，2070年代から80年代を超えるころまでを生きていくことになるはずです。これは，私が若者であった1970年代の「明治百年」といわれたころから，さらに百年余りを過ぎた時期ということになります。明治百年が何度かの戦争を経験したとはいえ，右肩上がりの近代化の過程であったのに対して，「明治二百年」はどのような社会になっているのだろうか。このようなことを考えながら本書を執筆しました。今後の日本社会は，現在の若者たちにとっては厳しい時代になりそうです。しかし，これから社会に出る若者の皆さんが，何とか隘路を突破してくれるよう願っています。

　本書は，現代日本の若者たちを対象に，まず自分たちの置かれている状況を広く知ってもらうことを目標に，若者の社会生活と社会意識を中心にまとめてみたものです。

　第1部は，ライフコースにおける若者の時期の意義を明らかにし（第1章），つづいて現代社会の変動における若者たちを展望しました（第2章）。第3章から第5章は，若者たちが社会生活をしている主要な部分である家族，大学，職業について最近の問題を取り上げ，さらに社会学に関する基本的な知識を紹介するように努めました。

　第2部は，最近の若者たちのメディア接触と政治意識（第6章），若者のライフスタイルと健康リスク（第7章），最近の若者たちの幸福感と将来不安（第8章）についての論稿を収録し，若者たちの意識と行動の一端を明らかにしようとしています。執筆者には，現在活発に研究活動に励んでおられる若手研究所の方々にお願いしました。皆さんの労に感謝するとともに，これからの研究・教育者としてのさらなる成長を期待するものです。

もちろん，若者たちの生活や意識に関するテーマは，まだまだあるのですが，私の力量不足と時間的な制約から，この程度で留めざるを得ませんでした。これは，心残りの点ですが，各章末に掲げた参考文献や多数発表されている若者論などによってさらに知識を得て頂ければ幸いです。

2013年3月

木村　雅文

目　次

はしがき　*1*

第1部　現代社会に生きる若者たち

I　ライフコースの中の若者たち …………………………………… *7*
(1) ヒトが人間になるために―人間にとっての共同生活　*7*
アンナの事例からわかること　*7*
(2) ライフコースと社会集団―青年期の意義　*8*
人間（じんかん）生活の場としての社会集団　*8*／ライフコースと社会集団―青年期の意義　*9*
(3) ライフコースの変化と若者たちのこれから―長くなった人生の後半　*11*
ライフコースのモデルから考える　*11*

II　現代社会の変動と若者たち ……………………………………… *15*
(1) 現代日本の中の若者たち　*15*
「第三の波」が押し寄せる現代社会　*15*／日本社会と現在の若者たち　*17*
(2) 現代社会の変動と若者たち　*19*
産業化と若者たち　*19*／都市化と若者たち　*21*／高齢化と若者たち　*23*

III　家族生活と若者たち――育つ家族から創る家族へ ……………… *29*
(1) 若者たちが育つ定位家族　*29*
家族とは何か　*29*／定位家族の状況　*30*／父性原理と母性原理　*33*／変化する親子関係―友だち親子の増加　*34*／若者の定位家族からの離脱―比重を増す友人関係　*38*
(2) 若者たちが創る生殖家族　*40*
配偶者との出会いのきっかけ　*40*／配偶者として重視する条件　*43*／結婚の機能と意義　*44*／若者たちの結婚事情―晩婚化と未婚化　*48*

IV　学生生活と若者たち――キャンパスライフの歳月 ……………… *53*
(1) 増えつづける大学生―高学歴化する若者たち　*53*
高等学校進学率の上昇　*53*／大学進学率はユニバーサル段階へ　*54*
(2) 大学生の生活パターン―学業・クラブ・アルバイト　*55*
大学生の生活時間の特徴　*55*／大学生は週何日登校しているか，クラブやバイトの日数は？　*58*
(3) ライフコースの中の学生生活の意義　*60*

まじめになった大学生　60／大学における学習成果　62／明らかになった学部系統による違い　63／大学への満足度は？　63

V　職業生活と若者たち……………………………………………………………67
(1) 多様化する大学卒業生の進路——学校基本調査から　67
厳しさのつづく就職状況　67
(2) 職業構造の変動　68
職業とは何か？　68／職業構造変動の推移　69／職業構造の変動と大学卒業生の就職状況　71
(3) 若者たちの働き方——正規雇用か非正規雇用か　73
増える非正規雇用者　73／正規雇用者と非正規雇用者にみられる格差　75

第2部　若者たちの意識と行動

VI　メディアと若者たちの政治意識……………………………………………83
(1) 若者たちを取り巻くメディア　83
メディアとは何か　83／メディア環境の変化　84／受け手から発信者へ　87
(2) メディアの影響力　90
影響を及ぼすメディアの力　90／メディアのさまざまな効果　92
(3) 若者たちの政治意識　95
政治に対する関心　95／政治に対する評価　97

VII　若者たちのライフスタイルと健康リスク………………………………103
(1) 健康リスクとは——わが国の三大死因と生活習慣病　103
(2) 健康に無関心な若者たち　104
(3) 若者たちのライフスタイル——運動，飲酒，喫煙　105
若者たちの運動離れ　105／お酒をたくさん飲む若者たち　107／たばこを吸わない若者たち　108
(4) おわりに　110

VIII　若者たちの将来不安と幸福感………………………………………………115
(1) はじめに——若者たちは幸福か　115
(2) 若者たちの生活意識——幸福感，生活満足度　116
(3) 若者たちの生活意識——将来に対する見通し，閉塞感　120
(4) 若者たちの意識構造——幸福感と将来不安　123

索　引……………………………………………………………………………………129

第1部　現代社会に生きる若者たち

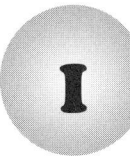

ライフコースの中の若者たち

(1) ヒトが人間になるために
——人間にとっての共同生活

● **アンナの事例からわかること**

　現代の先進諸国で暮らす人びとの毎日は，食べるもの，飲むもの，着るものなど大量の物資を消費することで成り立っている。ところが，大多数の人びとは，これらを自給自足することはほとんど不可能なので，モノの生産から流通の各段階において見ず知らずの他人の手を煩わせなければならなくなっている。あるいは，現代人の生活では，音楽を聴く，電車に乗る，治療を受けるなど他人の提供するサービスを求めている場合も非常に多い。このように，人びとが生きていくためには，分業という仕組みの中で，直接的・間接的に他の人たちと共に生きることを必要としているのである。

　けれども，他の人たちとの共同生活の必要性は，ヒトという生物としては無力な状態で生まれてくる人間にとって，赤ちゃんの時から今日まで生存してこられただろうか，という最も根本的な点である。さらに，これは，人びとが言葉を話し，文字を覚えてコミュニケーションができるようになることとも重要なつながりがある。そこで，このような問題を理解するために，極端に隔離された環境におかれたまま育ったとされる少女の事例を取り上げることにしたい。

これは，1938年2月にアメリカのペンシルヴェニア州の農家の物置部屋に6歳くらいの女の子が発見されたという出来事から始まっている。このアンナという仮名をつけられた少女は，ある事情のために母親からはミルクを与えられる以外の世話を受けないまま監禁状態におかれていたと考えられている。このため，アンナを研究したアメリカの社会学者デーヴィス(Davies, K.)は，発見当初の少女について，目も見えず，耳も聴こえないのではないかと思われたくらいに周囲に対して無表情，無関心であり，知性のひとかけらも示さなかった，と記している。つまり，ただ生物として生きているだけの状態だったのである。その後のアンナは，1942年8月に亡くなるまで施設の中で保護されて生活したのだが，最初の印象とは異なって視聴覚や運動能力には異常はなく，言葉も少しずつであるが発達を示すようになり，基本的な生活習慣を身につけて集団生活にも適応しかかっていたなどの記録が残されている[1]。

この事例からは，アンナが確かに遺伝的にはヒトとして生まれており，潜在的にいろいろな能力をもっていたとしても，他の人びととの生活，とりわけ親などの年長者から親密なコミュニケーションを通じて教えられ，育てられなければ，「人間らしさ」が現れる機会が決して訪れてこなかったことがわかる。すなわち，生物としてのヒトは，他の人たちと共同する生活を経験しなければ，言語や習慣といった文化を学習することができなくなり，人間としての発達が不可能になるのである。つまり，ヒトが人間（にんげん）になることの条件としては，何より人と人との間——人間（じんかん）——の中で暮らすところにあるのである。

(2) ライフコースと社会集団
——青年期の意義

● 人間（じんかん）生活の場としての社会集団

さて，本書の学問的な基礎になっている社会学(sociology)とは，フランス

の哲学者コント（Comte, A.）が著書『実証哲学講義』の第4巻（1839年）の中でラテン語で仲間関係とか友誼関係を意味する socius に，ギリシャ語で学問を指す logos を結びつけて sociologie を造語したところに始まるとされている。ここからは，社会学が対象としている「社会」が，まさしく親和的な人間関係から成り立っている人間（じんかん）生活であることが示されているように思われる。

それでは，現代人が人間（にんげん）として生きていくために欠かすことのできない人間（じんかん）生活の場とは具体的には何を指すのだろうか。社会学では，これを社会集団と考え，重要な研究対象としている。社会集団は，複数の個人が集まって形成されるものであるが，たとえば大都会の繁華街の雑踏のように多数の人びとが行き交っているだけの状態なのではなく，ある一定のまとまりを有していることが必要である。それは，

①集団にとって共同の目的，目標，関心，事業などをもっていること
②集団に属するメンバーの間に相互作用が存在していること
③メンバーたちが，目標への共同的な志向をもち，われわれ感情（we-felling）などを抱いていること
④集団を維持するために何らかの規範や規則によって統制されていることなどであり，このような性質から集団とは一定の組織性を要件とすると考えられている[2]。そして，社会学における集団研究の具体的な課題としては，人びとが生活している場である家族，地域社会（都市と農村），学校，サークルやクラブ，企業，組合，団体，国家，民族，国際社会などが挙げられる場合が多い。

● **ライフコースと社会集団──青年期の意義**

こうしてみてくると社会学が，人びとが日常を過ごしている暮らしを問題にする身近な学問であることがわかるだろう。なぜなら，一般に人間は，出生とともに家族という社会集団に属し，ライフコース（life course）──すなわち人

間が生涯を歩んでいく人生の行路——をたどって成長するにつれ，幾つもの集団のメンバーになり，その中の人間関係から経験と学習を積んで社会の一員としての生活ができる「社会的人間」へと発達していくからである。それは，日本の代表的な社会学者だった清水幾太郎によって以下のような集団の系列としてまとめられている（図表Ⅰ-1）。

　　家族集団…親から子どもへ養育と基礎的な社会化（socialization）が行われる。

　　遊戯集団…幼児が近所の子どもたちと一緒に遊ぶ集団である。
　　　↓
　　隣人集団…隣近所で暮らしている大人を含んだ人間関係からなる。

　　学校集団…教育を目的とする集団，教師と生徒，生徒の中の人間関係からな
　　　　　る。
　　職業集団…経済的な事業を目的とする集団，職場の人間関係からなる。
　　　↓
　　基礎的社会…政治や経済の全体的な枠組みをつくる。今日では国家が当てはまる。

　　世　　界…個々の国家を超えた国際社会をつくっている[3]。

　ところで，本書のテーマになっている若者たちというのは，10歳代の終わりから20歳代を中心に30歳代に入るころまでの年齢の人びとが該当するだろう。この若者としての歳月すなわち青年期がライフコースにおいて重要な時期であることは改めて指摘するまでもないと思われる。大部分の若者たちは，この間に学校を出て就職するし，18歳になれば選挙権を，25歳または30歳になれば被選挙権を得るので，清水が「職業集団に属した後は，従来獲得してきた後天的な力と方法によって自己を生かし，かつ社会を生かそうと試み，最後に

基礎的社会に至っては政治を通じて社会そのものを高めて行く活動の主体となることができる」と述べているように、社会の中で活躍できる存在になるからである[4]。つまり、ライフコースの初期段階である幼・少年期では、家族や学校において親や教師から将来の社会の一員となるべく人間形成をされてきた受け身の存在だったのに対し、青年期に入ると逆に若者たちが

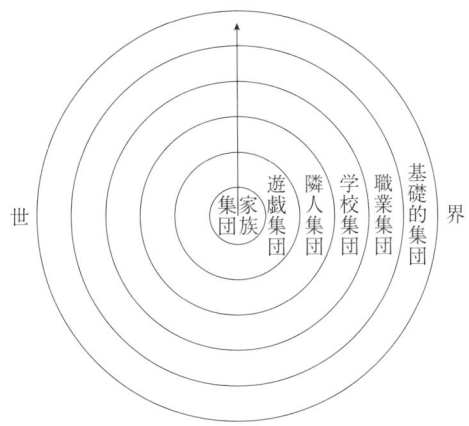

図表 I - 1　ライフコースと社会集団の系列
注) 原著には、タイトルは記されていない。
出所) 清水幾太郎『社会的人間論』角川書店、1954 年、p. 88

社会を構成する主体へと転じていくことになる。これは、やはり若者の時に多く行われる結婚によって、若者たちが生まれ育ってきた家族を離れ、自分たちの家族を新しく創ることを思い浮かべてみれば理解できるだろう。

　まさに、若者とは、ライフコースの次の段階に進んでいくターニング・ポイントに到達している人たちだといえよう。ただ、同じく若者であっても時代時代によって彼らの生活や意識も変化しているのは当然であり、ついこの前と思えても 20 年前の若者たちと現在の若者たちとでは社会構造の変動にともなって大きな違いが現れている (コラム参照)。

(3) ライフコースの変化と若者たちのこれから
　　　——長くなった人生の後半

● ライフコースのモデルから考える

　ライフコースのターニング・ポイントに達した若者たちは、どのような人生を歩んでいくことになるのだろうか。日本人のライフコースの変化をみると、

若者以降の時期になってからの変化が顕著であったことが明らかである。

ここに例示されている既婚女性のライフコースのモデルでは，明治生まれの女性と昭和戦後生まれの女性とで大きく異なっていることがわかるだろう（図表 I-2）。すなわち，明治生まれの女性は10年余りかかって長子から末子まで約5人の子どもを出産していたのに対し，昭和戦後生まれの女性は約2人を出産期間2年くらいで産んでいるのである。

この事実は，育児期間の変化を示している。女性のライフコース・モデルによれば，明治生まれの女性にとって若い時期の結婚の後は出産の連続と末子までを育て上げることが人生のほぼ全部を占めていたように計算されている。ところが，昭和戦後生まれの女性では，末子が学校を卒業したり，結婚したりして独立した後の「空になった巣」の期間が大幅に長くなっている。これは，子育てが短縮する一方で，平均寿命の伸びが重なった変化によって起こった現象であり，子どもの独立後にも20〜30年の時間が残っていることになる——結婚した男性のライフコースも出産がないのを除けば，女性に準じる——。そ

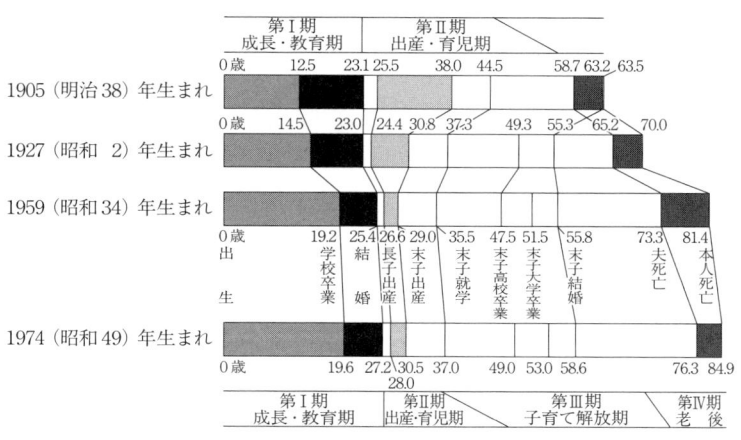

図表 I-2　女性のライフコースのモデル

注）タイトルをライフサイクルからライフコースに改めた。
出所）井上輝子・江原由美子編『女性のデータブック——性・からだから政治参加まで（第4版）』有斐閣，2005年，p.3

して、このような変化の傾向は、最近になって始まったのではなく、昭和初期に生まれて戦後すぐに結婚した女性のライフコースの中に現れかけていたのであり、彼女たちが生きてきた戦後日本の社会構造や社会意識の大きな変化が影響していたものと思われる[5]。

つまり、現在の若い女性たちのライフコースは、現在85歳を超えた女性たちによって先駆けされており、若い彼女たちも同じような途をたどっていくはずだと考えられる。かつては「人間わずかに50年」と謡われた通り、若者になるころにはすでに人生の半分が経過していた。しかし、現在の若者たちが高齢期に達する2060年の75歳生存率が男性80.2%・女性90.1%——2014年は男性74.1%・女性87.3%——と推計されているように[6]、大部分の人びとがライフコースをまっとうする「人生80年時代」を上回ると考えられる今後では、若者以降の人生の後半が非常に長くなってくることが明らかである。この残された時間をどのように生きるか、まだ遠い先のことと思っているかもしれないが、現在の若者たちに対して課せられた人生のテーマのひとつである。

注

1) デーヴィス，K.（中峰朝子訳）「隔離環境で育った子アンナの最終報告」中野善達編訳『遺伝と環境——野生児からの考察』福村出版，1978年
2) 村田充八「社会的行為と社会集団」木村雅文・村田充八・鈴木洋昭・上久保達夫・石川辰彦・硯川初代・浅川龍憲『増訂 社会学講義』八千代出版，1993年
3)・4) 清水幾太郎『社会的人間論』角川書店，1954年
5) 井上輝子・江原由美子編『女性のデータブック——性，からだから政治参加まで（第4版）』有斐閣，2005年
6) 国立社会保障・人口問題研究所編『人口の動向 日本と世界—— 人口統計資料集2012』厚生労働統計協会，2015年

参考文献

嶋﨑尚子『ライフコースの社会学』学文社，2011年
藤村正之編『いのちとライフコースの社会学』弘文堂，2011年
岩上真珠『ライフコースとジェンダーで読む家族（改訂版）』有斐閣，2007年
見田宗介『社会学入門』岩波書店，2006年

秋元律郎・石川晃弘・羽田新・袖井孝子『社会学入門（新版）』有斐閣，1990 年

コラム ❶　昔の若者と今の若者

　現在 40 歳代になっている 20 年前の若者たちは，終身雇用・年功序列が信じられていた時代に育ち，雇用環境に恵まれてバブル経済を経験していたのに対し，「今の若者は，冷え込んだ日本経済しか知らず…自分自身も不安定な雇用環境に身を置いている。そのため，今の若者は，いつも漠然とした不安を抱えながら生きているのではないかと思われる」

　また，今の若者の中では昔と比べて社会的な男女差が縮まり，「生活時間や遊びなど様々な場面で男女の違いが少なくなっている」

　このような指摘が，地域経済流通研究所による昔と今の若者たちへの調査結果として述べられている。20 年間というと歴史的な時間ではわずかであっても，現代社会における変化は大きく，戦後日本を特徴づけた社会構造は昔の若者が社会人になり始めた 1990 年ころをもって終わりを告げたといっていいだろう。

　当然に，こうした状況は今の若者たちのライフスタイルに影響を与えている。一例として，男女の未婚率が上昇，親と同居する若者の増加が挙げられている。これについて，地域経済流通研究所は「従来の"結婚して家を買い，子供を生み育てる"というわが国では当たり前であったライフスタイルが変化してきている」と分析し，「このプロセスに係る巨大なマーケットが縮小することは，この先深刻な問題になってこよう」と懸念を示している。

　（地域経済流通研究所編『若者ライフスタイルと消費行動―若者は本当にお金を使わないのか』地域経済流通研究所，2009 年，p.17）

　ここからは，社会構造の変動→ライフスタイルの変化→消費行動の変化という道筋を読み取ることができる。今の若者たちはなかなかお金を使わないといわれるが，これも 1990 年のバブル経済の崩壊に端を発する社会構造の変動に因るところが大きいと思われる。このままでは，じり貧である。もっと，今の若者たちの消費を刺激するには「漠然とした不安」を軽減するような雇用の確保を第一とする政策が効果を上げなければならないだろう。

現代社会の変動と若者たち

(1) 現代日本の中の若者たち

● 「第三の波」が押し寄せる現代社会

　現在の若者たちが生まれ育ち，これから参加しようとしている社会，すなわち現代社会とはどのような構造と変動をしているのだろうか。

　さて，近年の人類学などの研究によれば，人類史の曙は今から約1000～800万年前にゴリラやチンパンジーといった大型類人猿との共通の祖先と枝分かれし，独自の進化を始めたころにあり，現時点で最古と考えられる人類化石は2002年にアフリカのチャド共和国で発掘されたサヘラントロプスと命名された700万年くらい前のものが知られている。そして，この猿人（アウストラロピテクス）段階を最初に，その後のいろいろな進化と変異の過程を経て現生人類（ホモ・サピエンス）が現れたのは20万年ほど前ではないか，と推定されている[1]。これは，非常に長い時間という印象があるが，地球上の生物の歴史からは最近に起こった一瞬の出来事に過ぎない。

　アメリカの未来学者トフラー(Toffler, A.)は，大きな話題をよんだ『第三の波』(1980年)という著書の中で，人類がその歴史の中において激しい変化を経験した衝撃を，海岸に押し寄せる波にたとえている。すなわち，「第一の波」とは，1万年くらい前に起こった農耕技術の発明による農業革命であり，この

波が定住的な耕地や村落を創りだし，やがて古代文明の基礎になった，とされている。次の「第二の波」というのは，イギリスで 300 年ほど前に始まった産業革命がヨーロッパ，アメリカ，日本などにもたらした工業化の勢いを表現したものである。そして，世界が「第三の波」に洗われるようになった歴史的な転回点としては，アメリカでホワイトカラーとサービス産業労働者の数が初めて筋肉労働者を上回った 1955 年からの 10 年間に起こったコンピュータの広汎な使用，商業用ジェット便の発達，産児制限ピルの解禁などによる技術的・社会的な変化が始まったことによる，と論じられている[2]。つまり，トフラーにしたがえば，現代社会とは始まってまだ 60 年しか経っていないのであるが，同時にこれまでにない激しい変化を経験した時代だったともいえよう。

そこで，トフラーによる 3 つの波の歴史的な意義を知るために，これを世界史のテキストなどに書かれている時代区分に準じさせてみれば，以下のようにまとめることができるだろう。

「第一の波」以前 → 原始社会　狩猟と採集に支えられる部族社会の生活
「第一の波」　　 → 古代・中世社会　農業社会への変動と古代文明の発生
「第二の波」　　 → 近代社会　工業社会への変動
「第三の波」　　 → 現代社会　情報社会への変動

人類の 700 万年にも及ぶ歴史では，「第一の波」以前が 99.9％近くを占めるくらいに長くつづいたが，その後は波の訪れがしだいにあわただしくなり，ますます変化が速くなっている様子が理解できよう。そして，トフラーの強調するところによれば「第三の波」の渦中にある現代では，近代工業社会の文明の原理とはまったく異なった方向への転換が起こって非集中化，非大量化，非同時化，非標準化に向かっていくと想定されている。このような指摘は，経済成長による大量生産や大量消費をめざす生活に慣らされてきた世代には意外なようにも感じられる。しかし，トフラーは，これまで少数のマスメディアが大量の情報を広範囲に一方向的に発信——放送（ブロード・キャスト）といわれる——していたのに対して，これからは多種多様な小規模な専門的メディアや双

方向に情報交換ができる個別メディア——トフラーの造語によればナロー・キャスト——が発達するだろうと主張している[3)]。この指摘は，近年マスメディアの全盛が終わりを告げ，若者たちを中心にソーシャルメディアが大きく普及してきた事実によって実証されつつあるように思われる。

● 日本社会と現在の若者たち

　それでも，トフラーの未来への展望には，何か「縮み指向」があるように感じられてならない。実は，現在の若者たちが生きていく日本社会は，これから縮む方向に向かっているのである。

　さて，現在の若者たちを20歳代を中心とする人びとと考えると，1980年代の前半から90年代前半にかけて生まれたということになる。彼らが，若者に成長する以前にバブル経済がはじけたため，その後はデフレ基調による「失われた10年」とされる不況がつづき，2008年のリーマンショックに追い討ちをかけられたという状況である。すなわち，現在の若者たちは，モノの豊かさやエンターティメントの華やかさに幻惑されてはいるが，好景気を知らないまま成人に至っている。そして，2011年の東日本大震災による甚大な災禍も記憶に新しい。彼らが，まさに国難の時代を生きてきた世代であることは疑いようがない。

　このような事態から日本は，脱却することができるだろうか。このヒントとして20歳代の若者人口の推移を取り上げてみたい。これによると，戦後の若者人口に2つの山があったことがわかる。この現象は，2回のベビーブームの反映である。1970年代にかけての高度経済成長による産業化 (industrialization) や人口移動による都市化 (urbanization)，大学教育の拡大とか学生運動や労働運動による社会変革と生活向上をめざした活発な動きなどは増えつつある若者たちをマン・パワーとすることによって成し遂げられてきたのであった。しかし，75年以降に入ると，少子化・高齢化が進んだための悪循環から若者の数は減りつづけ，今後の激減も予想されている（図表Ⅱ-1）。

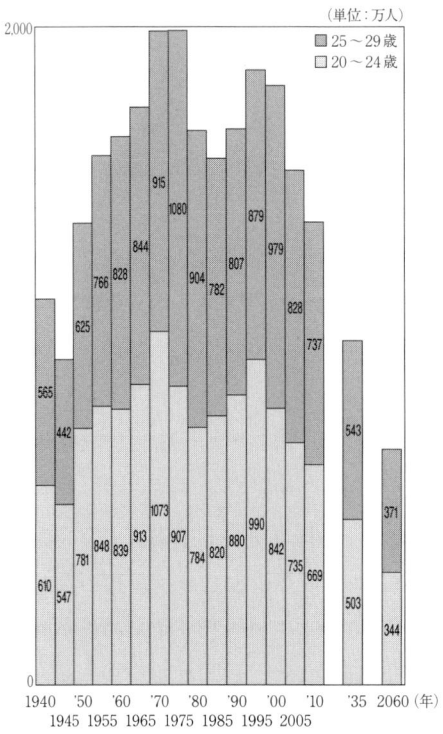

図表Ⅱ-1 20歳代人口の推移
出所）国立社会保障・人口問題研究所編『人口の動向 日本と世界——人口統計資料集2012』厚生労働統計協会, 2012年所収のデータより作成

つまり, 今後の日本においては, 減っていく若者たちから「アラブの春」のような革新的なパワーが大きく現れることは期待できにくいのではないだろうか。まさしく, 若者たちに選挙へ目を向けるよう呼びかけた趣旨の投書をした64歳の男性が述べている通り, 若者の存在感は薄くなり, 彼の若いころに政治的イデオロギーを掲げた学生運動が一世を風靡した時代とは「隔世の感がする」といった状況が生じているのである（コラム参照）[4]。

これは, 長年にわたって実施されてきたNHK放送文化研究所の「日本人の意識調査」の第8回（2008年）において1984年から92年に生まれた「新人類ジュニア」とされる最も若い世代に〈伝統志向・まじめ志向〉への動きがみられるという事実が指摘されていることからも理解できる[5]。このような若者たちの保守化傾向が進めば, 高齢化した日本はさらに守旧的な社会になっていくものと思われる。現在の若者たちは, これまでの高齢化のツケを払わされる世代間格差にさらされながら, 保守的な文化の中で長い老後をおくることになるのかもしれない。

もちろん, 社会の状況が仮にこうなるにしても, 一人ひとりの生き方によって各自のライフコースは多様になるのだから, それぞれの若者たちが生きる展

望をもてるようにすることこそ教育や政治の責任ではないかと考えられる。

(2) 現代社会の変動と若者たち

● 産業化と若者たち

　ここからは，現代日本の社会変動の中から産業化，都市化，高齢化という3つの注目するべき現象を取り上げ，現在の若者たちとのかかわりを取り上げてみることにしたい。

　さて，産業化とは，産業構造が第一次産業（農業，漁業，林業）から第二次産業（製造業，建設業，鉱業）を経て第三次産業（商業，サービス業など）へGDP（国内総生産）や就業人口がシフトし，高次化に向かうことである。これは，ペティ・クラークの法則といわれるが，現代日本の産業三部門別就業者の推移

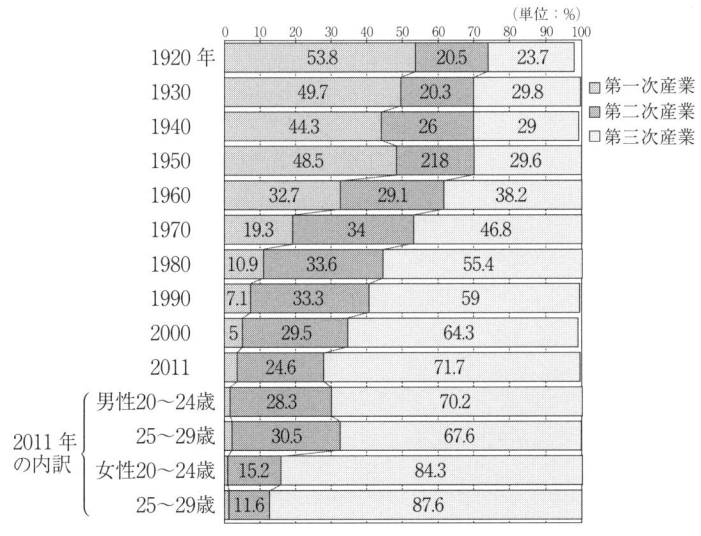

図表Ⅱ-2　産業三部門別就業者構成比

出所) 1920～2000年は国立社会保障・人口問題研究所編『人口の動向　日本と世界——人口統計資料集2012』厚生労働統計協会，2012年，p.141のデータより作成。2011年は，厚生労働省「平成23年　労働力調査」のデータより作成

を調べると，この法則に沿った動きが起こっていることは確かである（図表Ⅱ-2）[6]。

　それは，どのような歴史の中で進んでいったのだろうか。平成も20年を過ぎた現在になっても，あのころは日本に希望があったと，漫画や映画の『ALWAYS三丁目の夕日』などで懐かしがられている昭和30年代（1955〜64年）が，産業化への足取りを速めた時期である。すなわち，56年度版の『経済白書』が「もはや戦後でない」と述べたように，日本経済が近代化に支えられた新たな成長局面に入ったことが指摘された時期だからである。もちろん，当時の都市住民の月平均消費支出額は3万3000円，その半分近くを食費に費やさなければならない貧しさはあったが，55〜60年の年平均成長率は8.7％という高度経済成長の前夜であり，子どもや若者たちはまじめに勉強し，大人たちは一所懸命に働けば，しだいに生活が良くなるだろうと夢を抱いていた時代でもあった。

　1960年代を象徴する高度経済成長は，昭和30年代の最後の年に開催された東京オリンピックを刺激剤にしながら，第二次産業である製造業と建設業を動力として実現したという，まさしく日本に「第二の波」が本格的に到来した時代である。このため，工事や工場の現場で働いた若年労働者たちの頑張りもあって，東京タワー，東海道新幹線，国立競技場，高速道路などの大規模な建設のみならず，大量生産された家庭電化製品などが広く家庭の中へ普及し，これらは「三種の神器」（電気冷蔵庫，電気洗濯機，モノクロ・テレビ——あるいは電気掃除機）としてもてはやされ，日本人のライフスタイルに大きな変化をもたらしたのだった。こうして，日本が大阪万国博覧会を開き，「経済大国」に到達したと自負した1970年代初頭には，ようやく豊かさが実現したと見なされたのである[7]。もっとも，この直後の73年に起こったオイルショックによって高度経済成長は終焉を告げ，以後の日本経済は好況と不況を交互に経験することになる。

　そして，1970年代以降に進んだのがサービス経済化である。これは，第三

次産業就業者のみが比率を伸ばしているという事実からも明らかであり,今は70％を上回るまでに至っている[8]。このような状況から現代日本の産業化は,アメリカの社会学者ベル (Bell, D.) の指摘した脱工業社会 (post-industrial society) の段階に達したと判断してよいだろう。ベルは,脱工業社会では人間的サービス——教育,福祉,医療など——と専門職サービス——分析,計画立案,設計,プログラミングなど——が大きく拡大する,と主張している[9]。とりわけ,若者たちの産業別の就業者の構成をみると,この特徴が現れており,彼ら——とくに女性——が脱工業化をリードしているともいえよう[10]。もはや,現在の若者たちの多くにとっては,田畑を耕すとわきあがる土の臭いも,額に汗して作業をする「ものづくり」も,しだいに遠い存在になりつつある。

ただ,最近の若者たちは,産業化による豊かさを享受しながら育ってきたものの,自分たちのライフコースの中で豊かさがどこまでつづくのか,という先行きの不透明感をもっているようにも思われる。

● 都市化と若者たち

人類が文明を形成した証拠として数々の古代都市の遺跡が発掘されている事実からも明らかなように,都市とは,古くから構築されていたのであり,決して近代になってからの産物ではない。しかし,現代日本の産業化は,地域社会 (community) に都市化という大きな変動をもたらしたのである。

シカゴ学派の都市社会学者として知られるワース (Wirth, L.) は,都市を,人口量が多く,人口密度が高く,住民の異質性が大きい地域社会,と規定している[11]。もっとも,このような特徴は,人間がただ漠然と集まったからできたのではなく,首都や城郭が造営されたり,市場や寺社があって商業や信仰の中心地だったり,工場や学校の立地が行われたり,住宅地が開発されたりするなどの何らかの人為的なきっかけから多くの人間が引きつけられた結果なのである。こうした歴史的な経緯を念頭に入れれば,日本の都市社会学の先駆者であった鈴木栄太郎が定義した,都市とは国民社会を動かしている各種の流れ——

商品流布,国民治安,国民統治,技術文化流布,国民信仰,交通,通信,教育,娯楽——を結びつける節目に当たる機関——たとえば商店,警察署,役所,工場,寺社,駅,郵便局,学校,映画館など——を数多く蔵している聚落社会である,とする結節機関説が重要であると考えられる。そして,国民社会における大中小の諸都市は,結節機関の上下や多寡に応じて配列されている,とまとめられている[12]。これを,現代日本で確認してみると,東京,大阪,名古屋の三大都市圏,とりわけ東京圏に結節機関の全国的な中枢が集中している事実から説明することが可能である。

このように,都市には各種の結節機関が集中しているので,これらの機関のなかで業務を遂行する多くの労働力人口を必要とするようになる。こうして,農村から都市へ進学や就職をきっかけに若者たちが移動し,都市化が進んでいくのである。戦後日本の産業化が成長路線に入り始めた1960年には,都市化の指標とされる市部人口の比率が全人口の過半数を超えた63.3%になっている——2010年は90.3%——[13]。この現象は,長らく日本社会の基礎を支えてきた農村に代わって新しく都市の時代が開幕したことを物語っており,大都市郊外の団地などで暮らす若夫婦と子どもから成る核家族世帯 (nuclear family household) が増加した。やはり,産業化と同じく都市化についてみても,現代社会への構造変動は1960年代から70年代に現実化していったとすることができるだろう。そのために,かつて若い労働力として都市に出てきた人びとは,自分の親を「田舎のお爺ちゃん,お婆ちゃん」としてもっていたり,郷里に残ったきょうだいらとの親戚つき合いをしているかもしれない。しかし,彼らの子どもや孫である現在の若者たちは,生まれながらの「都会っ子」として育ってきているので,もはや郷愁を感じる故郷を有していない者も多くなっているに違いない。

現在の大都市における生活は,ゴミゴミした過密の一方で近隣関係の希薄さや人口物に埋め尽くされた自然環境からの疎外など,必ずしも快適とばかりとはいえない。それでも,都市の若者たちは,都会の真ん中に住みつづけている

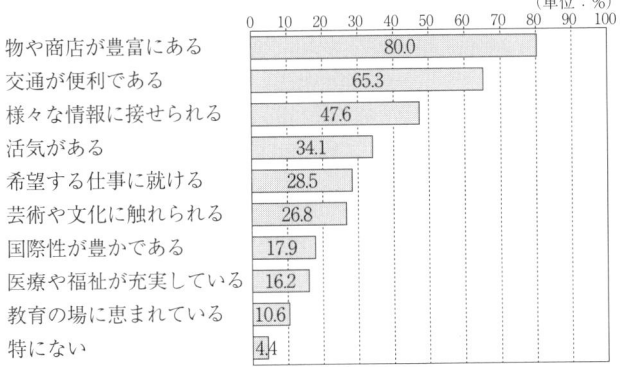

図表Ⅱ-3　20歳代による大都市圏の魅力

出所）内閣府「大都市圏に関する世論調査」所収のデータより作成

し，あるいは夢を抱いて都市に出てくる若者は今でも少なくない。その理由には，都会の発する「都市の魅力」が作用しているのではないかと考えられる。たとえば，内閣府が実施した「大都市圏の魅力に関する世論調査」(2010年)によれば，20歳代の4分の3近くに当たる74％が大都市圏に魅力があると回答しており，他の年長世代よりも高くなっている。彼らは，豊富な商品，交通の便，情報への接触，人びとによる活気などへの共感を明らかに示している（図表Ⅱ-3）[14]。つまり，都市の若者たちの多くは，都市的な生活様式に適応しながら生きている世代なのである。

● **高齢化と若者たち**

もう，改めて指摘するまでもなく，現代日本社会の高齢化は急速に進んでいる。高齢化の指標として用いられる国際連合の基準では，65歳以上の高齢者の割合が全人口の7％を超えると高齢化社会 (ageing society)，14％を超えると高齢社会 (aged society) とされているのであるが，日本はこれを1970年からの24年間という短さで通過してしまった。すなわち，日本中が高度経済成長を謳歌していたころには，すでに高齢化への歩みが始まっていたのである[15]。そして，最新の2015年の総務省の推計によれば，65歳以上の人口は3384万

人であり，日本人口の中の4分の1を超える26.7％に達していて，高齢化率21％以上という超高齢社会へも突入しているのである[16]。

このような経過は，現在の若者たちにとって，超超高齢社会ともいうべき時代を生きなければならない宿命を負わされていることを意味している。なぜなら，今後の日本の高齢化は，他国よりも速く，かつ程度も高くなっていくと想定されているからである（図表Ⅱ-4）。たとえば，2015年に20歳の若者たちの平均余命は，男性60.61年・女性68.94年であるから[17]，彼らの多くは2070年代から80年代まで生きることになると想定できる。このころの高齢化率は，50年の38.8％をさらに上回る40.8％（2075年）と推計されており——参考値ではあるが最高の比率——，この程度の値が2105年にもつづくと計算されている[18]。つまり，現在の若者たちが社会人として生きる21世紀後半の日本は，約半数に迫るくらいにまで高齢者が増加するという老いた社会へ変化するとともに，人口減少も急速に加わって進んでいくものと思われる。

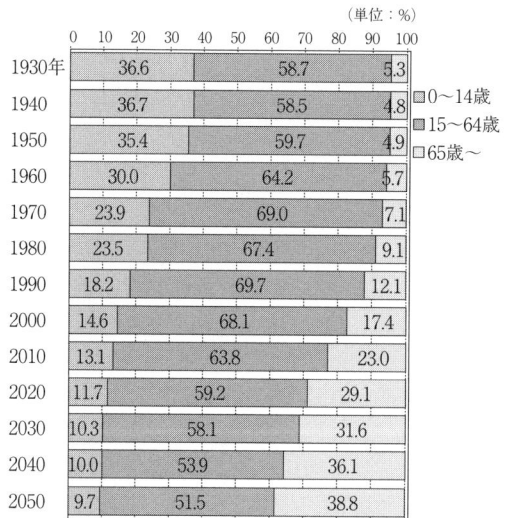

図表Ⅱ-4　年齢3区分別人口割合

出所）国立社会保障・人口問題研究所編『人口の動向　日本と世界——人口統計資料集2012』厚生労働統計協会，2012年，p.29，p.31所収のデータより作成

もっとも，単に65歳以上であるだけで「高齢者」とレッテルを貼ることには異論もあるし，何より高齢化現象が日本の経済力，医療，栄養，衛生などに見られる生活水準の向上に尽くした先人たちの努力によって実現したという歓迎するべき出来事であることを忘れてはならない。

それでも，多くの人びとが高齢期の生活に不安をもっていることも事実である。

これは、若者たちについても同様であり、内閣府が行った「年齢・加齢に対する考え方に関する意識調査」(2004年) では「高齢期の生活に不安を感じるか」との設問に肯定した不安層は50歳代の87.1%をトップに全世代平均で80.6%に達したが、20歳代でも74.2%になっていたのである[19]。もちろん、このような意見が出てくるのは、自分の健康や暮らし向きのこともあるだろうが、高齢化による労働力の減少によって経済の活力が保てるのか、とくに年金、医療、福祉などの社会保障の給付が維持できるのか、といった難しい課題が日本社会にあることがニュースなどで報じられているためだと考えられる。確かに、政府や地方公共団体によって対策や改革が検討され、実施されてはいるものの、今後の状況は一段と厳しさを増すものと思われる。そもそも、社会保障や社会福祉は、家族や親族の機能が衰えてきたために、これを代替するように発達してきたものであるため、現代社会における必要性は非常に増しているといえよう。一例を挙げれば、2012年の高齢者世帯の平均年収309万1000円のうち公的年金・恩給が68.5%を占めており——年金収入が全収入の80%以上という世帯が69.7%——、仕送りは5.9%に過ぎないのであるから、高齢者の生活では年金への依存度が非常に高くなっている[20]。しかし、公的な社会保障にも財政的な限界があることが明らかになった今日では、自助自立の徹底、家族や親族による保護機能の再強化、地域社会の絆の活性化、NPOやボランティア活動への期待が叫ばれている。

　そして、若者たち一人ひとりについて考えれば、将来にわたる老親の扶養、介護、自分たちの老後生活をどうするのかといった課題が指摘できる。日本社会の高齢化が長寿の実現によってもたらされたことは喜ばしくとも、親の老後に自分の老後が重なってしまう場合も珍しくないので、生活に難題をかかえる人びとがしだいに増加することになるだろう。これは、現在の若者たちにとっても、親が高齢期にさしかかる20年後くらいから始まるはずである。いずれにせよ、高齢化という社会変動に対処するには、若者の時期から将来も見据えた充実した生き方を選ぶことが望まれる。

注

1) ロバーツ，A．編著（馬場悠男日本語版監修）『人類の進化大図鑑』河出書房新社，2012 年
2)・3) トフラー，A．（徳岡孝夫監訳）『第三の波』中央公論社，1982 年
4)『毎日新聞』2012 年 12 月 16 日付朝刊　みんなの広場
5) NHK 放送文化研究所編『現代日本人の意識構造（第 7 版）』日本放送出版協会，2010 年
6) 総務省統計局編『第 61 回　平成 24 年日本統計年鑑』日本統計協会・毎日新聞社，2012 年
7) 鈴木正俊『経済データの読み方（新版）』岩波書店，2006 年
8) 木村雅文「大衆社会とマス・コミュニケーション」木村雅文・村田充八・鈴木洋昭・上久保達夫・石川辰彦・硯川初代・浅川龍憲『増訂　社会学講義』八千代出版，1993 年
9)・12)・14)・16)・18) 国立社会保障・人口問題研究所編『人口の動向　日本と世界——人口統計資料集 2012』厚生労働統計協会，2012 年
10) ベル，D．（山崎正和ほか訳）『知識社会の衝撃』TBS ブリタニカ，1995 年
11) ワース，L．（高橋勇悦訳）「生活様式としてのアーバニズム」鈴木広訳編『都市化の社会学（増補版）』誠信書房，1978 年
13) 鈴木栄太郎『都市社会学原理（鈴木栄太郎著作集Ⅶ）』未来社，1969 年
15) 内閣府「大都市圏の魅力に関する世論調査」2010 年，内閣府 HP
17)『産経新聞』2015 年 9 月 21 日付朝刊
19) 総務省統計局編『日本の統計　2015』日本統計協会，2015 年
20)『毎日新聞』2004 年 6 月 17 日付朝刊
21) 内閣府『平成 25 年　高齢社会白書』2015 年

参考文献

香山リカ『若者のホンネ——平成生まれは何を考えているのか』朝日新聞出版，2012 年
山田昌弘『なぜ若者は保守化するか——反転する現実と願望』東洋経済新報社，2009 年
古城利明・矢澤修次郎編『現代社会論（新版）』有斐閣，2004 年
小谷敏『若者たちの変貌——世代をめぐる社会学的物語』世界思想社，1998 年
金子勇・長谷川公一『マクロ社会学——社会変動と時代診断の科学』新曜社，1993 年

コラム II　若者たちと政治

　2012年12月の衆議院総選挙投票日当日に掲載された安藤邦緒氏（64歳）の投書には「若者よ、選挙に目を向けよう」とタイトルがつけられていた。

　安藤氏は、今回の選挙に当たって取材された有権者の声が壮年層や高齢者に偏っており、「若者の声はほとんど聞こえず、存在感が薄いように感じる」と述べ、「政治に無関心になってしまったからだろうか」と嘆いている。そして、安藤氏が、「隔世の感がする」として取り上げているのは1960～70年代の政治イデオロギーを掲げる学生運動が一世を風靡していたころである。

　安藤氏は、「若い皆さん。日本の将来の主役になる自分たちの声を国政に反映させるべく、国政選挙にしかと目を向けよう」と呼びかけている。

（『毎日新聞』2012年12月16日付朝刊）

　筆者にも、あの当時の若者たちによる熱い政治の季節が青春時代の記憶として鮮やかに刻まれている。その後、学生運動は一気に衰退し、平穏なキャンパス風景がつづいている。あの時代から、半世紀が経とうとし、時代はすっかり変わってしまったかのようである。

　ただ、現在の若者たちが、改めて政治イデオロギーへの関心を強くもち始めたとしたら、日本国内の閉塞状況に近隣諸国との緊張関係が作用して1960年代ころとは逆の排外的なナショナリズムへ向かう可能性が強い。かつて、第一次世界大戦後のドイツの若者たちの政治運動は、世界大恐慌による国難を受けてナチスの民族主義・国家主義へ共鳴するようになり、第二次大戦へ突き進んでいったとされている。

　半世紀ほど前のパワーはないにしても、現代日本の若者たちと政治とのかかわり方は、いずれ日本の将来を左右することになるとも考えられる。

家族生活と若者たち
──育つ家族から創る家族へ

(1) 若者たちが育つ定位家族

● 家族とは何か

　まず，家族とは何か，から始めてみたい。現代日本における家族社会学の長老である森岡清美は「家族とは，夫婦，親子，きょうだいなど少数の近親者を主要な成員とし，成員相互の深い感情的かかわりで結ばれた幸福 (well-being) 追求の集団である」[1]と述べている。この定義には，3つの部分が含まれていると考えられる。

　その第一は，家族の範囲である。一組の男女が夫婦になって新しい家族が創られ，子どもが生まれて親子関係が生じ，子どもが2人以上になってきょうだい関係が現れるとされている。ここからは，森岡が夫婦を中心とする家族観に立っていることが理解できよう。1946年に公布された現行の日本国憲法の第24条は，婚姻の両性の合意のみによる成立と平等な夫婦の相互協力による維持という欧米の家族観にもとづく考えで定められているが，森岡の定義はこれに準拠しているものと思われる。そして，「など」とか「主要な」といった留保がつけられているものの，家族の範囲を核家族に置いていることも明らかである。

第二が，家族の人間関係の特色である。それが，夫婦，親子，きょうだい間の深い愛情を基本とする共同生活によるものであることは疑いがないだろう。しかし，家族の中では，生活苦やささいな諍いから憎悪の関係が発生して離婚や親子の断絶，家庭内暴力，家族殺人といった事件が起こることもしばしば報道されるところである。すなわち，ここには「血は水よりも濃い」といわれるように，家族の人間関係は他人との関係とは感情的な面で異質なところがあると考えられている。

　第三は，家族の機能を総括して「幸福の追求」としているところである。新婚の夫婦が「幸せになります」とあいさつし，友人たちから「幸せになってね！」と声をかけられるように，初めから不幸になろうとして結婚するカップルはいないだろう。人間は，日常的な生活の中から心が満たされるような幸せな経験を求めている。それを提供してくれるのが，家族なのである。家族の中で誰かが困難に直面しているとき，無私の気持ちで支えてくれる（はずな）のも家族である。ここに，家族という集団の他ではなかなか充足されない機能的な特色があると想定されているのである。

● 定位家族の状況

　人間は，このような性質をもった家族の中でライフコースを歩んでいくのであるが，その過程で2つの家族に属することになるとされている。これが，定位家族（family of orientation）と生殖家族（family of procreation）である[2]。定位家族とは，自分が生まれ育った家族のことであり，どこの誰の子として生まれてくるかが定まっている運命的な家族である。一方の生殖家族は，それぞれの定位家族で育った一組の男女が結婚によって創り，自分たちの子どもを生み

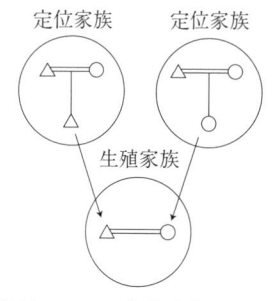

図表Ⅲ-1　定位家族と生殖家族

出所）望月嵩『家族社会学入門――結婚と家族』培風館，1996年，p.101の図に書き加えて作成

育てようとする家族であるから，夫婦で選択しながら生活を築いていくことができる（図表Ⅲ-1）。森岡が，家族の定義として想定したものが，このような生殖家族を指していたことは確かであろう。そして，そこで生まれた子どもである若者たちが，今度は親が創ってきた家族を，自分の運命としながら育っていくのである。もっとも，運命的や選択的といっても程度問題であるし，子どもが定位家族を経験しない場合も起こり得る。とりわけ，結婚しなければ，生殖家族を創る機会は訪れてこない。

　さて，現在の若者たちは，どのような定位家族の中で育っているのだろうか。「第20回　国勢調査」(2010年) の報告によれば，18歳未満の若者2034万人のうち，数自体は少子化で減っているけれど，5分の4に当たる80％は核家族世帯で暮らしており，しかも全体の70.4％は両親とともに生活している。これとは逆に，祖父母などと同一世帯に住んでいる三世代世帯を含んだその他の親族世帯は，減少の一途をたどっている（図表Ⅲ-2）[3]。つまり，日本社会では，子どもや若者が核家族世帯で生活する割合が大多数を占めるまでに増加し，親より上の世代が経験したことを祖父母から知る機会が減っている。その一方で，姑（祖母）と嫁（母）の対立といったような複雑な人間関係に触れなくて済むと

図表Ⅲ-2　世帯の家族類型別子ども人口：1975～2010年

世帯の家族類型	人口（1,000人）					割合（％）		
	1975年	1980年	1990年	2000年	2010年	1975年	1990年	2010年
18歳未満人口総数	32,020	32,622	28,502	22,919	20,338	100.0	100.0	100.0
親族世帯	31,591	32,307	28,273	22,761	20,222	98.7	99.2	99.4
核家族世帯	21,586	22,589	19,637	16,709	16,280	67.4	68.9	80.0
夫婦と子ども	20,510	21,326	18,189	15,142	14,316	64.1	63.8	70.4
男親と子ども	156	184	195	166	178	0.5	0.7	0.9
女親と子ども	917	1,076	1,251	1,400	1,785	2.9	4.4	8.8
その他の親族世帯	10,005	9,718	8,636	6,051	3,942	31.2	30.3	19.4
その他の世帯	429	315	228	159	117	1.3	0.8	0.6

出所）国立社会保障・人口問題研究所編『人口の動向 日本と世界——人口統計資料集2012』厚生労働統計協会，2012年，p.126

いうこともあり得る。

　さらに，シングルマザーが子育てをしている母子世帯の増加という現実にも注目しなければならない。厚生労働省の調査によれば，2010年の母子世帯（123万8000世帯）の平均年収は291万円とされ，多くがパートタイムやアルバイトなどの低い所得のために生活が苦しい。一方の父子世帯（22万3000世帯）では，平均年収455万円であるので，母子世帯よりは経済力がある。しかし，これは，父親がフルタイム勤務しているケースが多いからで[4]，この場合には育児や家事の時間のやりくりに困難が多く発生している。いずれにせよ，少子化対策としても子育て世代のために，いろいろな支援が必要になってくるものと思われる。

　最近の日本では，総計して約5000万の世帯が存在しているが（2005年），そのうち2890万世帯（58.9％）が経済構成としては非農林漁業に就業している雇用者世帯になっている[5]。これは，働いている家族の全員が会社員，公務員，法人職員などになって誰か他人に雇われていることを意味している。したがって，家族の平日の生活は分離している場合が多いから，子どもが，親などが職場で働いている姿——つまり，親の背中——を認識できる可能性は低く，父親の様子がわかるのは休日に家でゴロゴロしている時くらいなのかもしれないのである。ましてや，子どもにとって，親が師匠として家業やスポーツ，あるいは名門歌舞伎俳優の家族のように家伝の芸道を厳しく教えこむ関係をもつ者は少ないと思われる。このような状況は，親子関係に変化をもたらしてくるのである。

　そして，現在の若者たちでは，きょうだいの少ない少人数の家族の中で育っている例が多い。厚生労働省の「第14回 出生動向基本調査」（2010年）によれば，調査時点で結婚後15年から19年経って子どもを産み終えたと思われる夫婦の出生児数が初めて2人を割り，少子化が進んでいることが明らかになった。さらに，出生する子ども数の分布を見ると，2人きょうだいがまだ多いものの，しだいに3人以上が減り，ひとりっ子の割合が増えている（図表Ⅲ-3）[6]。こ

図表Ⅲ-3　調査別にみた，出生子ども数分布の推移（結婚持続期間 15～19 年）

調査（調査年次）	総数（集計客体数）	0人	1人	2人	3人	4人以上	完結出生児数（±標準誤差）
第7回調査（1977年）	100.0%（1,427）	3.0%	11.0	57.0	23.8	5.1	2.19人（±0.023）
第8回調査（1982）	100.0（1,429）	3.1	9.1	55.4	27.4	5.0	2.23（±0.022）
第9回調査（1987）	100.0（1,755）	2.7	9.6	57.8	25.9	3.9	2.19（±0.019）
第10回調査（1992）	100.0（1,849）	3.1	9.3	56.4	26.5	4.8	2.21（±0.019）
第11回調査（1997）	100.0（1,334）	3.7	9.8	53.6	27.9	5.0	2.21（±0.023）
第12回調査（2002）	100.0（1,257）	3.4	8.9	53.2	30.2	4.2	2.23（±0.023）
第13回調査（2005）	100.0（1,078）	5.6	11.7	56.0	22.4	4.3	2.09（±0.027）
第14回調査（2010）	100.0（1,385）	6.4	15.9	56.2	19.4	2.2	1.96（±0.023）

出所）国立社会保障・人口問題研究所編『平成22年わが国夫婦の結婚過程と出生力――第14回出生動向基本調査』厚生労働統計協会，2012年，p.21

れは，若者たちの社会性の発達に影響を与えることになるだろうし，将来的には甥・姪やイトコといった親族の数も減らす事態にもつながっていくはずである。テレビでは，10人前後の大勢のきょうだいの中で揉まれながら育つ子どもたちの成長を取材したドキュメンタリーが放映されることが時々あるが，このような家族生活は非常に稀なため立てられた企画だといえるだろう。多くのきょうだいかひとりっ子かどちらが子どもにとって幸福かは，容易に判断することはできない。

● 父性原理と母性原理

子どもに対する社会化の作用として，子どもを鍛え導く父性原理と慈しみ育む母性原理の2つがある，と考えられている。これは，現実の父親・母親の性別役割に特定されるべきものではないが，親子関係として当てはまる点も多いといえよう。また，この2つの原理は，家族だけに限らず，スポーツチームや企業組織におけるリーダーシップの取り方などにも現れているように思われる。

さて，生まれてきた子どもは，やさしく愛撫され，母親の胸に抱かれることによって安らぎを得る「原信頼」を感じる母性原理を必要とする。それは，大

人になっても思い出される甘い温かい記憶である。しかし，やがて若者になるころには，社会人として働いている父親がモデルになる父性原理によって社会に出るために大切な心構えや規範を学ぶための訓練を受けなくてはならない，とされている[7]。これが，「厳父慈母」という伝統的な親のあり方につながっていくのである。

　一例を挙げてみよう。2012年に放送されたNHK朝の連続テレビドラマ『梅ちゃん先生』では，医者になろうとしているヒロイン梅子に対して自身も医学部教授である父親は難しい表情をしてなかなか褒めようとはせず，親らしい配慮はしていても，決して娘を甘やかすような態度や行動を示さなかった。一方の母親は，常に子どもたちの味方になり，明るい笑顔と優しい言葉で励ましていた。まさしく，厳父慈母がドラマの中で演出されていたのである。しかも，梅子とその兄・姉は，両親に常に敬語を使って話しかけ，感謝の気持ちをきちんとした態度で表すなど礼節をわきまえた行動をとっていた。つまり，子どもの方から謙っていたのである。このドラマは，1945年の終戦直後から60年代初めまでを時代背景としていたから，主な登場人物は戦前の家庭や教育を経験していると想定されているのであり，脚本家はかつての知的エリートの家族の中にはこのような人間関係があったと判断して台本を書いたのではないかと想像される。

● 変化する親子関係──友だち親子の増加

　それでは，最近の親子関係の状況はどのようなものだろうか。一口にいえば，親子の距離が縮まり，友だちのような関係がみられるというのである。NHK放送文化研究所が行った「中学生・高校生の生活と意識調査」(2002年)によれば，中・高校生の両親への評価では「やさしくあたたかい」といった優しさやわかってくれる，会話してくれることへの比率が高い。また，母親に対する評価が父親よりも高いという傾向がみられ，母子の接する時間の方が長いことの反映であると理解できる。そして，「うるさく言う」や「子どもにきびしい」

が低評価なのは，現在の親子関係の甘さを表していて，さらに両者の評価が母親よりも父親でかなり低いということは「厳父慈母」が過去のものになり，「慈父慈母」ともなっていることを物語っているようである（図表Ⅲ-4）[8]。

次に親の側が，どのような親でありたいと考えているかの回答を紹介することにしよう。これによると，両親とも「友だちのような」「自由を尊重」「言い分を聞く」という親の方から歩み寄っているような選択が過半数を超え，年次とともに上がっている結果に気がつくだろう（図表Ⅲ-5）[9]。今や，『梅ちゃん』のころのタテ的な関係からは様変わりし，近しいヨコ的な間柄をめざす友だちのような親子関係が意識されてきていることがわかる。

こうした「友だち親子」について筆者が学生に尋ねたところ，自分にも当て

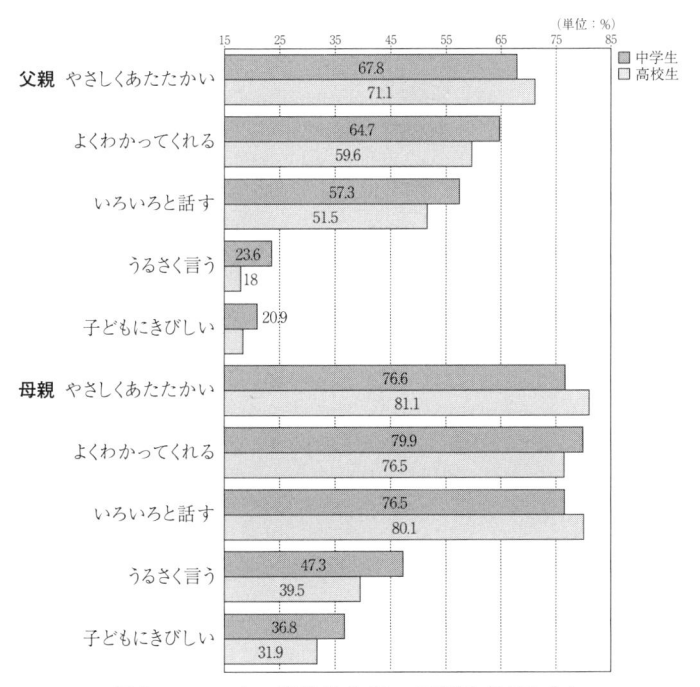

図表Ⅲ-4 中・高校生の親への評価（2002年）

	中学生	高校生
父親 やさしくあたたかい	67.8	71.1
よくわかってくれる	64.7	59.6
いろいろと話す	57.3	51.5
うるさく言う	23.6	18
子どもにきびしい		20.9
母親 やさしくあたたかい	76.6	81.1
よくわかってくれる	79.9	76.5
いろいろと話す	76.5	80.1
うるさく言う	47.3	39.5
子どもにきびしい	36.8	31.9

出所）NHK放送文化研究所編『NHK中学生・高校生の生活と意識調査——楽しい今と不確かな未来』日本放送出版協会，2003年，p. 付12-13所収のデータより作成

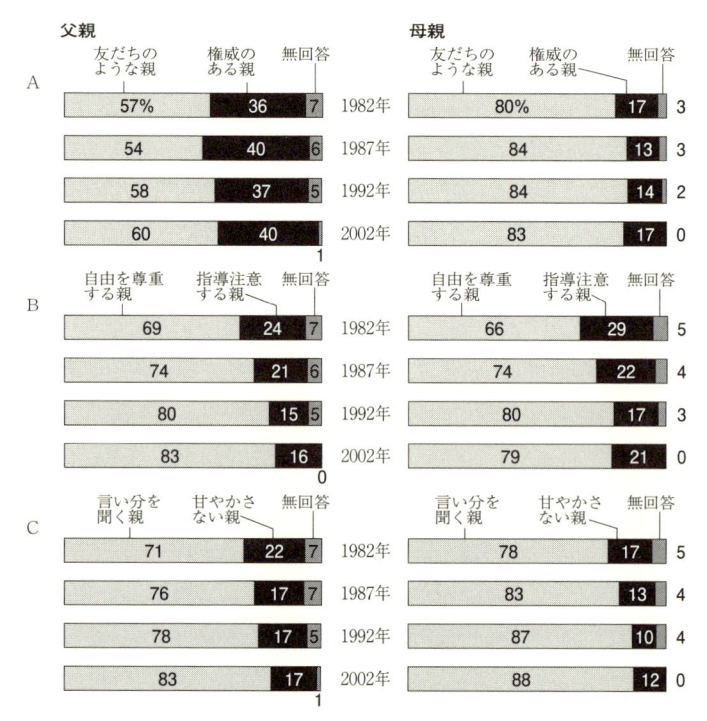

図表Ⅲ-5　どういう親でありたいか

父親

A（友だちのような親／権威のある親／無回答）
- 1982年: 57% / 36 / 7
- 1987年: 54 / 40 / 6
- 1992年: 58 / 37 / 5
- 2002年: 60 / 40 / 1

B（自由を尊重する親／指導注意する親／無回答）
- 1982年: 69 / 24 / 7
- 1987年: 74 / 21 / 6
- 1992年: 80 / 15 / 5
- 2002年: 83 / 16 / 0

C（言い分を聞く親／甘やかさない親／無回答）
- 1982年: 71 / 22 / 7
- 1987年: 76 / 17 / 7
- 1992年: 78 / 17 / 5
- 2002年: 83 / 17 / 1

母親

A（友だちのような親／権威のある親／無回答）
- 1982年: 80% / 17 / 3
- 1987年: 84 / 13 / 3
- 1992年: 84 / 14 / 2
- 2002年: 83 / 17 / 0

B（自由を尊重する親／指導注意する親／無回答）
- 1982年: 66 / 29 / 5
- 1987年: 74 / 22 / 4
- 1992年: 80 / 17 / 3
- 2002年: 79 / 21 / 0

C（言い分を聞く親／甘やかさない親／無回答）
- 1982年: 78 / 17 / 5
- 1987年: 83 / 13 / 4
- 1992年: 87 / 10 / 4
- 2002年: 88 / 12 / 0

出所）図表Ⅲ-4と同じ，p.94

はまるという回答が女子学生を中心にみられ，自分の姉妹や友人の女性がそうしているといった報告もあった。母親と若い娘の間には，かなり存在しているように思われる。

　このように変化したのは，何故なのだろうか。第一には，戦後の民主化がめざした家族関係の平等化が進んできた事実が指摘できる。第二に，ライフコースが伸びたことによって親が若さを保てるようになり，急いで老成する必要もないと考えているともいえる。そして，先に述べた通り家族成員が雇用者化し，親が子どもに対して社会とのかかわりで教えたり，指導する機会が少なくなったことも挙げられる。さらに，同じNHKの調査によれば，日常生活の中での親子の対立の原因が少なくなってきたことも明らかになっている。これに加え，

Ⅲ　家族生活と若者たち

現在中心の生活目標　　　　　未来中心の生活目標
（単位：％）

図表Ⅲ-6　生活目標の推移

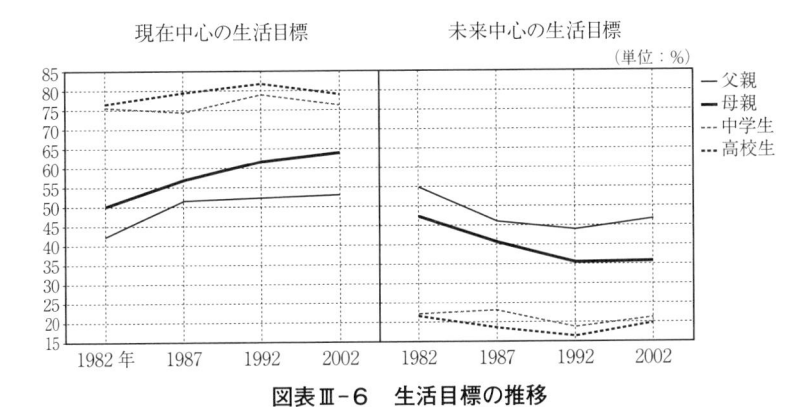

出所）図表Ⅲ-4と同じ。p. 付31, 52所収のデータより作成

　親子の生活目標をめぐる価値観が近づいていることも重要な動きとされている。すなわち，「その日その日を自由に楽しく過ごす」「身近な人たちとなごやかな毎日を送る」という現在中心志向と「しっかりと計画をたてて豊かな生活を築く」「みんなと力を合わせて世の中をよくする」という未来中心志向のどちらかの選択を求めたところ，両親の側の生活目標が中・高校生にもともと多かった現在中心志向の方に近寄ってきているのである（図表Ⅲ-6）[10]。これらからは，親の方が親子の対立を回避しようとし，親子関係の安定を保とうとしていることが明らかだろう。

　しかし，学生の意見には，「友だち親子」それ自体は否定しないものの，必要な場合になれば親からのきちんとした指導や助言が欲しいというものもあった。これを裏付けるように，NHKの「日本人の意識調査」において，社会に出たばかりの子ども——つまり，若者の段階に達している——に対して父親がとるべき態度を尋ねたところ，1973年の第一回調査以来減少傾向にあった「模範になる」や「忠告する」が98年調査から最新の第九回（2013年）にかけて再び増加しているとされている。しかも，16～20歳代前半の男性の若者たちにも同様な変化がみられ，彼らは「父親に社会人としてのアドバイスを求めている」とまとめられている[11]。やはり，母性原理優越ばかりではなく，父

性原理の重要性も認めておかなければならないのである。

● 若者の定位家族からの離脱——比重を増す友人関係

「友だち親子」は，子どもにとって居心地の良いところなのかもしれない。しかし，子どもが中学から高校へ進んで若者といわれるようになってくると，反抗期に入るとともに，日常生活で行動する範囲や関心をもつ領域が広がっていく。さらに，Ⅳでも触れる部分であるが「拘束時間の（長い）中学生・高校生」とされているように，中・高校生では授業やクラブ活動，学校行事などで学校に拘束される時間も長くなることも重要である。たとえば，（株）ライフメディアの「子どものいる家庭の『食卓』に関して」というインターネット調査（2004年）では，中・高校生をもつ母親の回答として，一週間のうち家族そろっての夕食の回数が「ほとんどない」（10％）と「1〜2日くらい」（47％）とで半数を超えており，「ほぼ毎日」はわずか15％に過ぎない。そして，家族がそろわない理由としては，夫の仕事が最多だったものの，子どもの塾や習い事，クラブ活動で帰りが遅いことも挙げられている[12]。もう，都市に暮らすサラリーマン家庭では，家族全員が夕餉の膳を囲んで団欒するような光景がみられるのは限られた曜日のことになりつつあると思われる。

このような事情から，ライフコースの中で若者に入りかけるという段階では，親に代わって友人との関係が重要な存在となって意識されるようになる。NHKの中・高校生調査には，いくつかの例が挙がっている。たとえば，関心があることへの回答では「友だち付き合い」が62％と一位を占め——女子高校生では73％——，二位の「将来のこと」の48％をかなり引き離している。これに反して「家族，親のこと」は，スポーツやテレビ番組などよりも低い11％であり，16の選択肢の15番目に過ぎない（回答は複数回答）。もっとも，生活に欠かせないものへの回答では，「家族と話をする」（54％）が第三位につけているが，ここでもトップは「友人知人と話をする」であり，中・高校生の78％が挙げている。つまり，若者たちは，子どもから若者に移行するにつれて

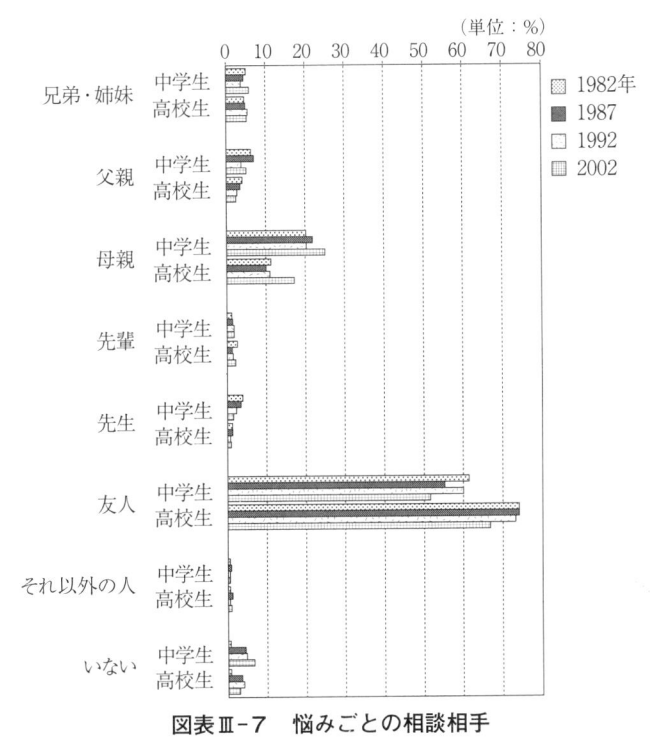

図表Ⅲ-7　悩みごとの相談相手

出所）図表Ⅲ-4と同じ，p.付26所収のデータより作成

　人間関係への関心が家族より友人に移っていて，日頃生活を共にしている家族も必要だが，それよりも友人を重要と認めているように感じられる。

　これを，端的に示しているのが悩みごとの相談相手である。ここでは，友人が圧倒的な存在であり，とりわけ中学生よりも高校生の方が友人を多く挙げるようになっていて心理的な親離れが進んでいる。そして，父親をはじめ，先生や先輩といった年長者の影が薄い（図表Ⅲ-7）[13]。本来，悩みごとを解決しようとすれば，年長者のアドバイスや支援が役に立つとも考えられるのであるが，若者たちはそうしてはいない。こうして，若者たちは，家族と友人との人間関係のバランスを意識しながら，しだいに定位家族から離脱する方向へと向かっていくのである。

(2) 若者たちが創る生殖家族

● 配偶者との出会いのきっかけ

　大学のキャンパスやコンサート会場，あるいはヤング向けグッズを売るショッピング街など若者たちが多く集まる所には，腕を組んだりして楽しそうに談笑する男女がよく見かけられる。彼らの中には，近い将来に結婚して生殖家族を創ろうとするカップルもいるはずである。現在の日本では，若い男女は多くの場合自由につき合い，関係を深めていくことができると思われる。

　しかし，結婚という段階に進むには，いくつかの社会・文化的な規制が機能している。それが，外婚原理と内婚原理である（図表Ⅲ-8）[14]。

　外婚原理とは，一定の範囲内での結婚を禁じ，その外側から適格者を選ばせようとするはたらきである。たとえば，現行の民法734条では，年齢は結婚適齢に達していても，直系血族及び三親等内の傍系血族との結婚が禁止されている[15]。つまり，親子，きょうだいをはじめ伯（叔）父，伯（叔）母，甥，姪とは結婚することができない——四親等であるイトコとは結婚ができる——。これは，近親結婚の禁忌（incest taboo）といわれ，家族関係を混乱から防止するうえで重要なはたらきをしているとされている。ただし，これに該当する近親者は，現在の日本では10人前後くらいと少ないはずである。しかし，同姓不婚の規範のある中国や韓国などでは，外婚原理がはたらく範囲が大きいのではないかと思われる。

　一方の内婚原理は，逆にある集団の中から適格者を選ぶ機能である。たとえば，2013年の日本における婚姻届け出の件数66万3740組の中の96.3％が日本人同士の夫妻であって，いわゆ

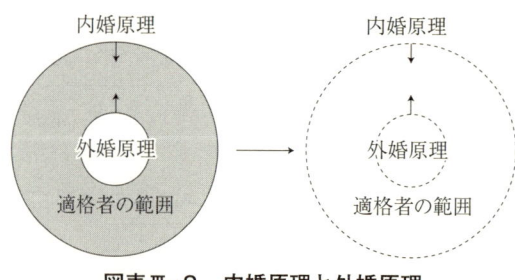

図表Ⅲ-8　内婚原理と外婚原理

出所）望月嵩『家族社会学入門——結婚と家族』培風館，1996年，p.89

る国際結婚は3.2％に過ぎなかった。たとえ，最近のグローバル化の進展にもかかわらず，同じ日本人の中から配偶者を選ぶという内婚原理は確固なものであるが，一方で1965年の99.1％からは下がっているので徐々に緩んできていることも確かである[16]。

それでは，若者たちを中心に結婚した夫妻が出会ったきっかけとしては，どのような場所が回答されているのだろうか。厚生労働省の「出生動向基本調査」を用いて経過をみると，多くが日常生活の中での出会いであり，偶然性の強い「街なかや旅先で」は5％前後に留まっている。やはり，内婚原理が機能しているのである。そして，2002年の第12回調査までは「職場や仕事で」という職場結婚が第一位であった。毎日職場で過ごす長い時間の中で同僚として接していれば人柄もわかり，親しさも増して恋愛に発展するからだろうと思われる。

図表Ⅲ-9 調査別にみた，夫妻が出会ったきっかけの構成

調査 (調査年次)	総数	恋愛結婚							見合い結婚	その他・不詳
		職場や仕事で	友人・兄弟姉妹を通じて	学校で	街なかや旅先で	サークル・クラブ・習いごとで	アルバイトで	幼なじみ・隣人		
第8回調査 (1982年)	100.0%	25.3%	20.5	6.1	8.2	5.8	－	2.2	29.4%	2.5%
第9回調査 (1987年)	100.0	31.5	22.4	7.0	6.3	5.3	－	1.5	23.3	2.7
第10回調査 (1992年)	100.0	35.0	22.3	7.7	6.2	5.5	4.2	1.8	15.2	2.0
第11回調査 (1997年)	100.0	33.5	27.0	10.4	5.2	4.8	4.7	1.5	9.7	3.1
第12回調査 (2002年)	100.0	32.9	29.2	9.3	5.4	5.1	4.8	1.1	6.9	5.2
第13回調査 (2005年)	100.0	29.9	30.9	11.1	4.5	5.2	4.3	1.0	6.4	6.8
第14回調査 (2010年)	100.0	29.3	29.7	11.9	5.1	5.5	4.2	2.4	5.2	6.8

注）対象は各調査時点より過去5年間に結婚した初婚どうしの夫婦。見合い結婚とは出会いのきっかけが「見合いで」，「結婚相談所で」の結婚。第8，9回調査は「アルバイトで」を選択肢に含まない。
　　集計客体数：第8回(1,298)，第9回(1,421)，第10回(1,525)，第11回(1,304)，第12回(1,488)，第13回(1,076)，第14回(1,136)。
出所）図表Ⅲ-3と同じ

ところが，つづく最近2回の結果（05年，10年）では，「職場や仕事で」が少し減ったために僅差で「友人，兄弟姉妹を通じて」が最多になっている（図表Ⅲ-9）[17]。やはり，長引く不況も影響して，職場の人間関係が難しい状況にあるからなのだろうか。あるいは，若手正社員の長時間勤務などによって，出会いの機会や交際時間が余り得られないこともひとつとして指摘することができるかもしれない。

ところで，現在の日本では，改めていうまでもなく，見合い結婚と恋愛結婚という二通りの結婚方法が行われている。「出生動向基本調査」から変化をみると，1930～39年に結婚したという女性では69％と多かった「見合い」という回答の割合がしだいに減り，増えてきた「恋愛」と1965～69年結婚の夫妻の時に逆転している。この結果，2006年から10年の間に結婚した夫婦では88％が恋愛結婚だったとしているのであるから（図表Ⅲ-10）[18]，現在の若者たちの大部分は自分だけで配偶者になる異性をみつけなければならないはずである。しかし，一位の「友人・兄弟姉妹を通じて」は，第三者が間に入るのであるから，仲人がつなぎ役になって紹介する見合いと似ている部分が認められる。むしろ，「友人，兄弟姉妹を通じて」は，堅苦しくない今時の見合いだといって

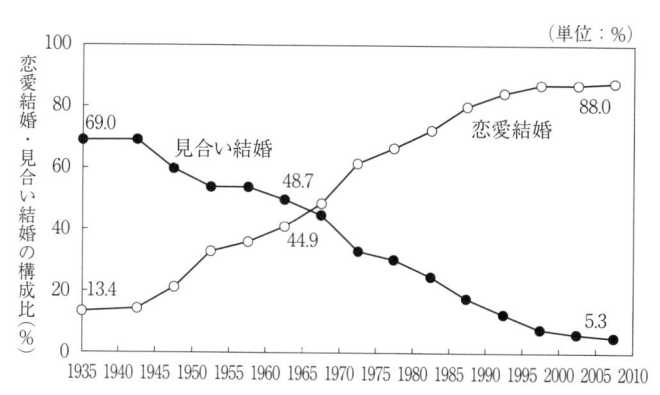

図表Ⅲ-10　結婚年別にみた，恋愛結婚・見合い結婚構成の推移
出所）図表Ⅲ-3と同じ，p.16

Ⅲ　家族生活と若者たち

もいいだろう。つまり，現在の若者たちの結婚では，まだ3分の1強が他人の力を借りて出会いのきっかけを得ているのである。

● **配偶者として重視する条件**

現在では，恋愛結婚はもとより，たとえ見合いであっても双方が愛情を確かめ合わなければ結婚まで進むはずはないと思われる。しかし，結婚生活は，若者にとってライフコースのなかで長期に共同して暮らすことを考えに入れるものであるから，お互いが相手に対して愛情の他にも条件を抱くようになるといえよう。「第12回　出生動向基本調査」(2002年)の独身者調査の中で，いずれ結婚する意向のある男性・女性に結婚相手として重視するという条件をみると，人柄が男女とも非常に高い比率で一致していて，若者たちは結婚における情緒的な結びつきが大切であると判断していることがわかる。さらに，自分の仕事への理解や共通の趣味や家事育児についても一致度が高く，女性の職業進出を背景に共働きを前提とする家庭協力型夫婦が想定されているようである。ところが，職業と経済力では，女性からの重視度が男性からよりもかなり高い

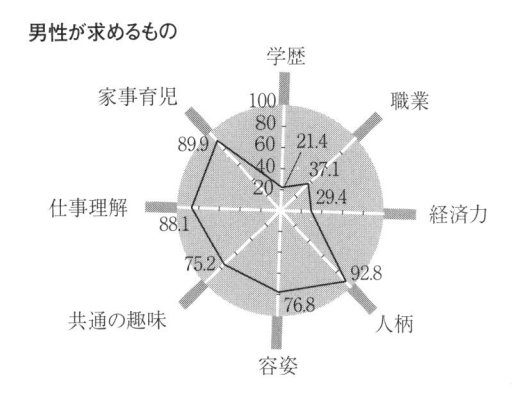

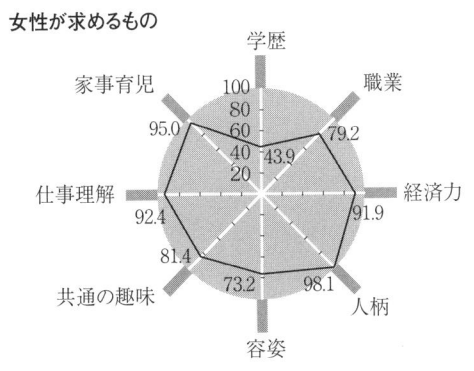

男性が求めるもの

学歴 21.4
職業 37.1
経済力 29.4
人柄 92.8
容姿 76.8
共通の趣味 75.2
仕事理解 88.1
家事育児 89.9

女性が求めるもの

学歴 43.9
職業 79.2
経済力 91.9
人柄 98.1
容姿 73.2
共通の趣味 81.4
仕事理解 92.4
家事育児 95.0

図表Ⅲ-11　結婚相手として重視する条件

注)第12回出生動向基本調査による。
出所)井上輝子・江原由美子編『女性のデータブック(第4版)』有斐閣，2005年，pp.12-13

という違いが印象に残る(図表Ⅲ-11)[19]。つまり，女性の男性への期待は，生活の安定を考慮した経済力にも向けられており，依然として男性への性別役割観が反映しているのである。そして，全体としては，女性側の重視する条件度が高く，結婚が女性にとって非常に大きなライフイベントであると認識されていることを物語っている。したがって，男性にとっては，クリアしなければならないハードルが高いわけであり，男性の結婚に至るまでの難しさが明らかに表われている。

● 結婚の機能と意義

とはいっても，内閣府の「第8回　世界青年意識調査」(2008年)によると，日本の若者たちの77.3％が「結婚すべきだ」あるいは「結婚したほうがよい」を選んでおり[20]，結婚して生殖家族を創りたいという希望が強い。それには，動物が番(つがい)になるのと同様の人間の生物としての動因(ドライブ)があるからである。ここから，人間にとって重要な結婚の機能が何であるかを考えることができる。ただ，多くの動物の「結婚生活」にみられる行動の大部分が本能によってなされているのに対し，人間の場合は社会や文化からの学習が必要であり，たとえば民法738条に「婚姻は，戸籍法…の定めるところにより届け出ることによって，その効力を生ずる」とあるように，結婚すること自体も法律を遵守することで初めて有効になると規定されているのである。このような法や慣習による結婚生活への規制は，古今東西の社会において非常に多くみられる。たとえば，現在の民法では，夫婦の同居と相互の協力・扶助義務(752条)が制定されているし，夫婦同氏(750条)の定めも結婚しようとするカップルが判断しなければならない重要な条文である[21]。

家族社会学者の望月嵩は，結婚の機能として，結婚のもつ3つの意義に関係して個人の欲求を充足する個人的機能と社会の期待に応える社会的機能があると述べている[22]。その第一は，個人に対する性的欲求の充足と社会的には性的統制の維持というセックスに関わる事項である。つまり，セックスは，結婚

Ⅲ　家族生活と若者たち

した配偶者との間でのみ許されるが，他の異性との間のセックスは社会的な非難や犯罪にもなることを指している。これにより，男女間の性的な人間関係に一定の秩序が保たれているのである。しかし，この機能については，NHK 放送文化研究所の「日本人の意識調査」によると「結婚式をすまさなければ性的まじわりをすべきでない」というセックス厳格派は 1973 年に行われた第一回調査の 58％ から減少がつづき，2013 年の第九回調査になると 21％ までになっている——代わりに「愛情があれば可」が 19％ から 46％ に増加——[23]。つまり，結婚とセックスが切り離され，セックスに対する意識の厳格さが緩んできている。しかも，現実として「第 14 回　出生動向基本調査」において結婚した 25 歳未満の若い女性の 50％ が，結婚したきっかけを「子どもができたから」——いわゆる授かり婚——と回答している[24]。現在では，若者たちを中心に結婚→セックス→子どもから，セックス→子ども→結婚へと移り変わってきており，結婚による性的統制の機能が弱くなっていることが明らかに認められる。

　第二が，生殖に関わる点で，子どもを産み育てるという個人的機能と社会に対して新しい成員を補充するという社会的機能があるとされている。ただし，この機能についても夫婦の間に生まれる子ども数が減っており，出生児数の減少という少子化によって日本の人口減少もしだいに加速する情勢から，機能が弱化しつつあることは否定できない。

　第三には，結婚したことによって若者が一人前として扱われるという個人的機能であり，望月は結婚した男女は 20 歳未満の未成年であっても成人と見做される成年擬制（民法 753 条）を例として挙げている[25]。この他にも，いろいろな社会において結婚して初めて大人としての信用を得られる場合があるように思われる。しかし，これについても，最近の日本では，晩婚化や未婚化の影響から，誰かを評価する際に既婚か未婚かのこだわりは小さくなっている。第三に関わる社会的機能としては，結婚すると配偶者の三親等以内の親族を姻族という親族として加えることになる親族網の拡大があり（民法 725 条）[26]，義父

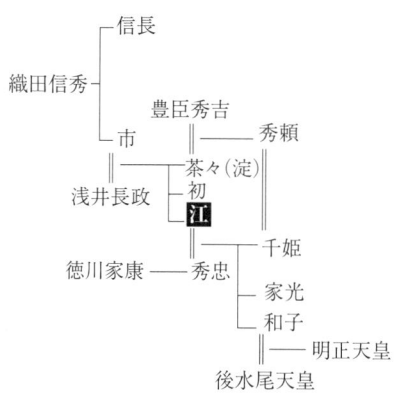

```
        ┌─ 信長
織田信秀 ─┤
        │   豊臣秀吉
        │   ‖ ──── 秀頼
        └─ 市  茶々(淀)
            ‖ ─┤
        浅井長政  初
                 江
                 ‖ ─┬─ 千姫
        徳川家康 ─ 秀忠 ├─ 家光
                       └─ 和子
                          ‖ ──── 明正天皇
                          後水尾天皇
```

図表Ⅲ-12　江をめぐる関係者の系図
筆者作成

や義母，義兄や義姉といった人びとと親戚づき合いをしたり，助け合うことが期待されるのである。

このような，親族関係の拡大を利用した企てが政略結婚である。一例を取り上げてみよう。2011年の大河ドラマのヒロインであった江は，浅井長政と織田信長の妹の市という政略結婚させられた両親から生まれた三姉妹の末女であった。成人した江は，徳川家康の嗣子である秀忠と三度目の結婚をするが，これも江の姉の茶々（淀）を側室にしていた豊臣秀吉が最大の大名である徳川氏との間を詰めようとした政略から出たものであった。そして，秀吉が淀との間に生まれた秀頼の安全を保証させるために，江と秀忠の間の長女である千姫と秀頼との幼いうちからの結婚を実現させようとしたこともよく知られている。さらに，江の末女の和子が後水尾天皇の中宮（東福門院）に立てられたために秀忠が明正天皇の外祖父になったのを始めとして，他の姫たちも加賀前田家や越前松平家などに嫁ぎ，徳川将軍家の覇権に貢献したのであった（図表Ⅲ-12）。こうしてみてくると，江が生涯で関わった結婚は，政略結婚ばかりであったとしても過言ではない。つまり，歴史的な事実として，かつての身分の高い貴族，将軍，大名などではセックスや子どもの出生については側室でも欲求が満たされるが，こと正室に関しては親族網の拡大という社会的機能を利用した政略結婚の側面が非常に強かったのである。

もちろん，当時でも，一般の庶民にとっては親戚が増えるくらいで政略結婚とは縁がなかったし，現在の若者たちが政略結婚とほとんど無縁であることは間違いがない。

このように，結婚の機能がしだいに弱くなる傾向にあることは明らかなよう

Ⅲ 家族生活と若者たち

に思われる。それでも，若者たちが結婚を望んでいるのは，結婚することに利点があると意識しているからだろう。独身者に尋ねたアンケートの結果によれば，結婚の第一の機能である性的充足はわずかしかなく，第三の機能の社会的信用も多くはない。すなわち，これらの機能の最近になっての弱化が証明され

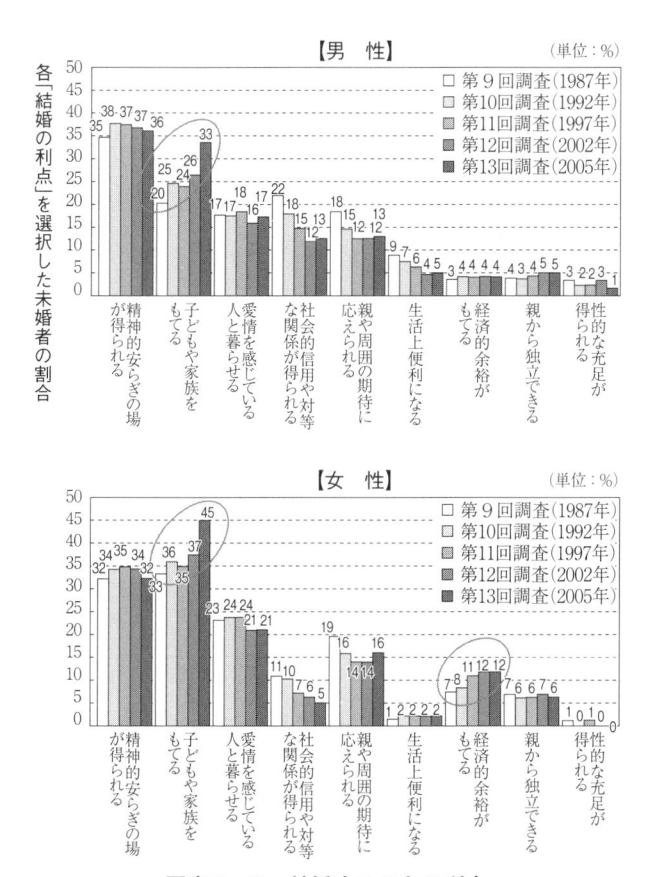

図表Ⅲ-13　結婚することの利点

注) 18～34 歳未婚者のうち何％の者が，各項目を主要な結婚の利点（二つまで選択）として考えているかを示す。
　国立社会保障・人口問題研究所編『わが国独身層の結婚観と家族観』財団法人 厚生統計協会，2007 による。

出所) 星野智子・和田美智代『家族のこれから――社会学・法学・社会福祉学からのアプローチ』三学出版，2010 年，p.77

たともいえよう。しかし、第二の機能の「子どもや家族をもてる」が男女とも上昇してきており、少子化時代なのにやや意外な印象が残る。

そして、これらよりも高くなっているのが、「精神的安らぎの場が得られる」であり、「愛情を感じている人と暮らせる」も重視されている（図表Ⅲ-13)[27]。やはり、結婚には、情緒的な結びつきへの期待が考えられているわけで、結婚の精神的な機能として重視する必要があると思われる。2011年には、東日本大震災の大きな災禍を経験したり、見聞きした若者たちの中には、不安から、結婚という絆をもつことで安心を得ようとしたカップルもいたことから「震災婚」という新語も生まれている（コラム参照）。これも、結婚の精神的な機能の表れとすることができるだろう。

● **若者たちの結婚事情──晩婚化と未婚化**

くりかえすまでもなく、若者にとって結婚は大きなライフイベントであり、社会にとっても社会の秩序や存続が可能かどうかにつながる重要な事柄である。しかし、現在の日本では、若者たちの結婚がなかなか進まない状況が生じ、生殖家族の形成が遅くなっているといわれている。そこで、この事実を平均初婚年齢の推移からみてみよう。日本における初婚年齢は、戦前は早婚だったので低かったと思われがちであるが、実際にはそれほどでもなく、日中戦争がつづき、太平洋戦争直前に当たる1940年の男性29歳は兵役の関係もあってか、非常に高くなっている。そして、戦後に入って一気に下がったものの、75年過ぎから上昇に転じ、とくに女性の上がりのカーブが急である（図表Ⅲ-14)[28]。最新の2015年厚生労働

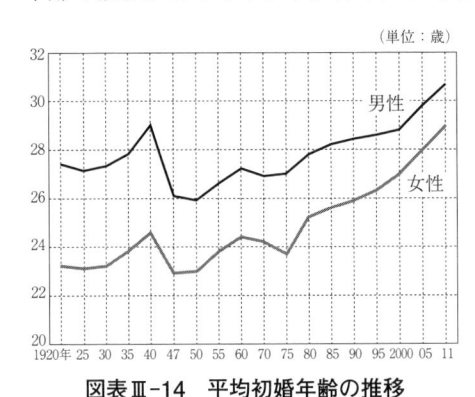

図表Ⅲ-14 平均初婚年齢の推移
出所）図表Ⅲ-2と同じ、p.103所収のデータより作成

省の「人口動態統計」のデータでは，男性31.1歳，女性29.6歳に達しており，女性がライフコースの中で結婚するのも，第一子を産むのも，30歳代に入ってからのイベントになることは間もないように思われる[29]。

したがって，若者の未婚化も進んでいる。たとえば，戦後で平均初婚年齢が最も低かった1950年における20～24歳の未婚率は，男性82.9％，女性55.3％であったが，25～29歳になると34.5％と15.9％へと大きく下がっており，20歳代の半ばくらいが結婚適齢期だったことがわかる。ところが，2010年には25～29歳になっても男性71.6％，女性60.3％と未婚率がまだ高く，20歳代では大部分の若者たちは結婚に至っていない。彼らの未婚率が下がるのは，若者から中年にさしかかる30～34歳になってから——男性47％，女性34.3％——の出来事である。このため，50～54歳の未婚率いわゆる生涯未婚率の値も1950年より2010年までで，男性1.4％から17.8％へ，女性1.6％から6.5％へと男性が大きく上昇しており，日本の皆婚社会の前提も崩れつつある[30]。

これは，どのような理由によるものだろうか。そこで，独身層の人たちが考えている独身でいることの利点の特徴をまとめてみよう。すると，男女とも行動や生き方の自由が断トツのトップに立っており，金銭的に裕福や家族扶養の責任の無さとか，広い友人関係の維持が多く挙がっている[31]（図表Ⅲ-15）。つまり，彼らは，全体としてモラトリアム的であり，自己中心的であるともいえよう。けれども，そんな独身の若者たちにあっても，パラサイトシングルをすることも可能であるし，そうでなくとも各種のサービス産業の拡大やコンビニの普及も手伝って，都市部ではさして不自由なく暮らせる時代に入っている。しかも，結婚の機能の弱化から早く結婚することへの社会的な圧力も弱くなっている。こうして，若者たちは，結婚生活と独身でいることの双方の利点を考慮しながら，急がずに理想の——あるいは妥協できる——相手との出会いを求めているのである。

しかし，最近の晩婚化や未婚化は，もっと厳しい社会的現実の反映であるとの指摘も重要である。たとえば，厚生労働省の「社会保障を支える世代に関す

【男性】のグラフ (単位：%)

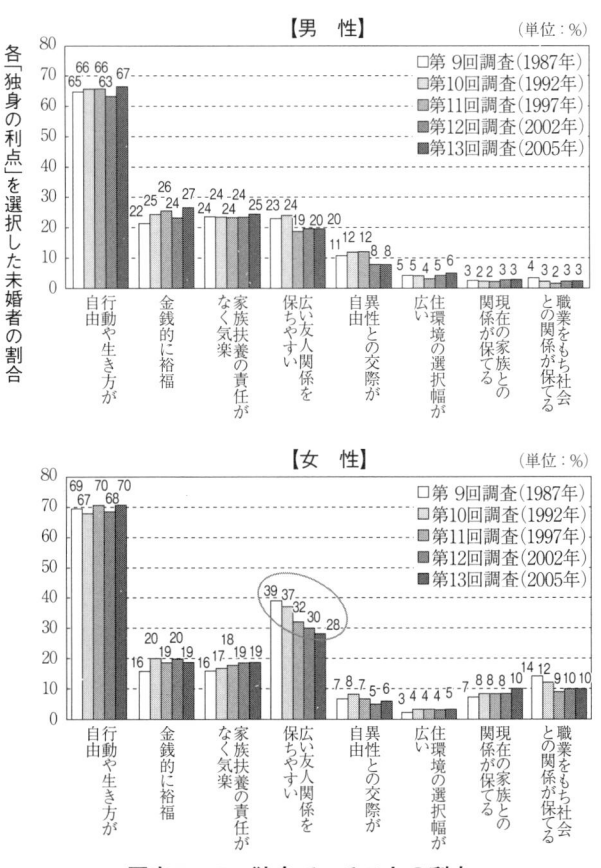

各「独身の利点」を選択した未婚者の割合

第9回調査(1987年)／第10回調査(1992年)／第11回調査(1997年)／第12回調査(2002年)／第13回調査(2005年)

- 自由行動や生き方が：65, 66, 66, 63, 67
- 金銭的に裕福：22, 25, 26, 24, 27/24, 24
- 家族扶養の責任がなく気楽：24, 25, 23, 24
- 広い友人関係を保ちやすい：11, 19, 20, 20
- 異性との交際が自由：12, 12, 8, 8
- 広い住環境の選択幅が：5, 5, 4, 5, 6
- 現在の家族との関係が保てる：3, 2, 2, 2, 4
- 職業をもち社会との関係が保てる：3, 2, 3, 3

【女性】 (単位：%)

- 自由行動や生き方が：67, 69, 70, 68, 70
- 金銭的に裕福：16, 20, 19, 20, 19
- 家族扶養の責任がなく気楽：16, 17, 19, 19, 19
- 広い友人関係を保ちやすい：39, 37, 32, 30, 28
- 異性との交際が自由：7, 8, 7, 5, 6
- 広い住環境の選択幅が：3, 4, 4, 4, 5
- 現在の家族との関係が保てる：7, 8, 8, 8, 10
- 職業をもち社会との関係が保てる：14, 12, 9, 10, 10

図表Ⅲ-15　独身でいることの利点

注) 18～34歳未婚者のうち何％の者が，各項目を主要な独身生活の利点（二つまで選択）として考えているかを示す。

国立社会保障・人口問題研究所編『わが国独身層の結婚観と家族観』財団法人　厚生統計協会，2007による。

出所) 図表Ⅲ-13と同じ，p.78

る意識等調査」(2010年) によれば，男性20歳代で正規雇用者の67.5％が未婚であるのに対し，非正規雇用者は未婚率94％であった。この差は，適齢期ともいうべき30歳代で30.7％対75.6％と大きく開いてしまい，40歳代でも15.1％対45.7％とつづいていくのであり，男性非正規雇用者は中年になっても結婚

することが困難だという結婚格差が現れている——女性では逆に正規雇用者の未婚率の方が高い——[32]。この格差の背景には，Vで取り上げる予定であるが，正規雇用者と非正規雇用者との間に25〜29歳の男性非正規雇用者の年収が約290万円なのに対して，正規雇用者は約350万円に届くという賃金格差が生まれているためである。つまり，非正規雇用者では「年収300万円の壁」とされるものが突破できにくい。しかも，前にみたように女性は，結婚相手の条件として男性の職業や経済力を重視しているので，非正規雇用者が増えている昨今の状況では，若者たちの結婚がしだいに難しくなる情勢は避けられないのではないかと考えられる。

注

1)・22) 森岡清美・望月嵩『新しい家族社会学（四訂版）』培風館，1997年
2)・7)・14) 望月嵩『家族社会学入門——結婚と家族』培風館，1996年
3)・5)・16)・28)・30) 国立社会保障・人口問題研究所編『人口の動向 日本と世界——人口統計資料集2015』厚生労働統計協会，2015年
4)『毎日新聞』2012年9月8日付朝刊
6)・17)〜18)・24) 国立社会保障・人口問題研究所編『平成23年 わが国夫婦の結婚過程と出生力——第14回出生動向基本調査』厚生労働統計協会，2012年
8)・23) NHK放送文化研究所編『現代日本人の意識構造（第8版）』日本放送出版協会，2015年
9)〜11)・13) NHK放送文化研究所編『NHK中学生・高校生の生活と意識調査——楽しい今と不確かな未来』日本放送出版協会，2003年
12) 日本能率協会総合研究所編『ニッポン人の生活時間データ総覧 2005』生活情報センター，2005年
15)・21)・25)・26) 民法教育指導研究会『民法の解説——家族法（九訂版）』一橋出版，2006年
19) 井上輝子・江原由美子編『女性のデータブック——性，からだから政治参加まで（第4版）』有斐閣，2005年
20) 内閣府編『平成24年版 子ども・若者白書』2012年
27)・31) 星野智子・和田美智代『家族のこれから——社会学・法学・社会福祉学からのアプローチ』三元出版，2010年
29)『日本経済新聞』2012年6月6日付朝刊
32)「社会実情データ図録」社会実情データ図録HP

参考文献

橘木俊詔・迫田さやか『夫婦格差社会——二極化する結婚のかたち』中央公論新社，2013年

岩上真珠編『〈若者と親〉の社会学——未婚期の自立を考える』青弓社，2010年

山田昌弘編『婚活現象の社会学』東洋経済新報社，2010年

島村忠義・岡本行雄編『パートナーシップの家族社会学』学文社，2009年

湯沢雍彦・宮本みち子『新版 データで読む家族問題』日本放送出版協会，2008年

コラム III 東日本大震災と結婚観

「震災婚」という新語は，ジャーナリスト白河桃子の著書のタイトルに由来するという。それによると，大震災の大きな災禍を経験したり，見聞きしたカップルの中で，震災をきっかけに先延ばししてきた結婚を決めたり，緊張感を共有したことで結婚への流れが加速したり，すでに事実婚していたカップルが絆を形にしようと婚姻届を提出したりしたケースがあったと紹介されている。

地震による大きな揺れ，押し寄せる大津波，無数の家屋の倒壊など今回の大震災は，映像だけでも大きな恐怖を感じさせた。これが，交際相手との絆を確認を求め，結婚に踏み切る方に向かわせた，と述べられているのである。

さらに，女性誌などの調査でも，女性が結婚相手に求める条件として，震災後は「経済力」よりも「頼りがい」が上位に挙がる傾向にあるということが特集記事として書かれている。

(『毎日新聞』2011年11月17日付夕刊)

最近3年間の婚姻届件数は，以下のようになっている。
　　　2010年　700214組
　　　2011年　662000組
　　　2012年　669000組（速報値）

厚生労働省「人口動態統計」

したがって，大震災が結婚数の増加に寄与したとは思われない。しかし，現在の若者たちのライフコースの中で，大震災が結婚ばかりでなく，いろいろなライフイベントに影響を与えたことは確かであり，今後の重要な研究テーマになるだろう。

それにしても，今度は男性に「頼りがい」が求められるとは。若い男性たちにとっては，「男はつらいよ」というか相変わらずなかなか大変である。

Ⅳ 学生生活と若者たち
——キャンパスライフの歳月

(1) 増えつづける大学生
——高学歴化する若者たち

● 高等学校進学率の上昇

　戦後日本の若者たちに現れた変化のひとつとして高学歴化がある。日本の学校制度が新制に転換した直後の1950年の高等学校への進学率は，42.5％（男性48％・女性37％）に過ぎず，この当時の15歳の少年少女らの半数以上は中学を終えると就職したり，実家で家業や家事などに従事するようになったのである。とりわけ，地方から大都市圏に集団就職してきた若者たちは「金の卵」ともてはやされ，都会の若い労働力として迎えられた。1964年の歌謡曲『ああ上野駅』は，このような若者たちの心情を唄ってヒットしたことで知られており，今は高齢者になった彼らに懐かしがられている。これらの若者たちの働きもあって，日本は高度経済成長への途を歩み始め，それに伴って高校進学率も上昇するようになった。1960年には，57.7％であったものが，74年に90％を超えて事実上義務教育化したのである。そして，2014年の高校進学率は，98.4％（男性98.1％・女性98.7％）に達し，ほとんどの若者たちが高校に進んでいる[1]。

● 大学進学率はユニバーサル段階へ

さらに，高校進学率の上昇を追うように高等教育（四年制大学，短期大学，工業高等専門学校など）への進学率も上がっていった。1954年の四年制大学進学率は，わずかに7.9％（男性13％・女性2.9％）と同年齢の10人に一人も大学に進む若者はいなかったのであるが，それでも高度経済成長時代の1970年で17.1％，80年には26.1％となり，ベビーブーム世代の進学者の増加に大学の施設の拡充が間に合わず，大学のマスプロ教育化が批判されたこともあった。そして，平成日本の「失われた10年」に入っても，進学率の急速な上昇はさらにつづき，2000年に39.7％，そして15年には51.5％（男性55.4％・女性47.4％）という最高の値が出るまでになった[2]。――12年は東日本大震災の影響からか50.8％へと少し低下した[3]――。このように不況下にもかかわらず，大学進学率が伸びたのは，短期大学への進学率がピークの13.2％（1994年）から5.2％（2011年）へと大幅に低下したこともひとつの要因であり，高等教育への進学先として二年制から四年制への移行が女子学生を中心に起こったからでもある。それだけに，大学教育への期待は高まっているといえるが，同時に「今時大学くらいは出ておかなければ」という横並び指向の心理もあるように思われる。

この結果を，学生数の推移からまとめてみると，少子化によって小・中・高校生が最近にかけて大きく減少し，短大生もかなり減っている。これに対し，大学学部生が中・高校生の数に迫るくらいに増え，大学院の拡充が進められたために大学院生も増加しているという事実がわかる（図表Ⅳ-1）。こうして2012年度の大学数は779校，大学学部生数は255万6000人――うち私立大学が603校，学生数210万人と約4分の3を占める――にも及んでいる[4]。2000年では，20～24歳の若者の男性51.5％・女性58.3％が，25～29歳では男性44.4％・女性50.5％が高等教育機関に在学中か卒業者とされているのであるから，現在ではライフコースの途上にある日本の若者たちの半数以上が，大学などで高等教育を受けているといえるのである。

アメリカの教育社会学者トロウ（Trow, M.）は，主に大学を対象に進学率15

％未満をエリート段階，15〜50％をマス段階，50％超えをユニバーサル段階と呼んで発展段階を区分している[5]。すなわち，日本に限らず欧米先進諸国の大学は，少数のエリート養成のためから，大衆（マス）化した時期を経て，若者たちのみならず市民にも高度な知的教育を提供する万人のための普遍的な教育機関へと変化してきているのである。

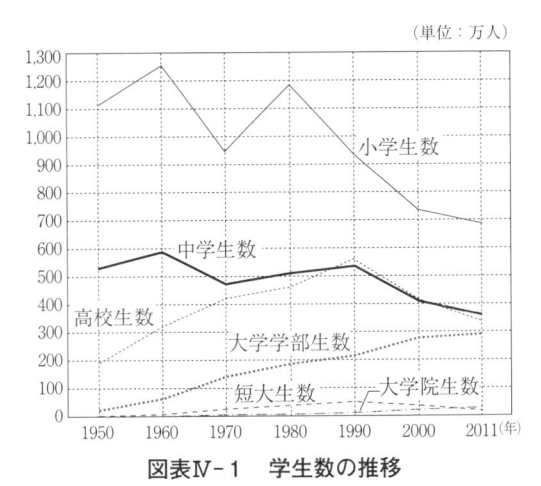

（単位：万人）

図表Ⅳ-1　学生数の推移

出所）文部科学省『平成24年度　文部科学要覧』文部科学省，2012年，pp.23-27所収のデータより作成

(2) 大学生の生活パターン
——学業・クラブ・アルバイト

● **大学生の生活時間の特徴**

　NHK放送文化研究所は，5年毎に日本人の生活時間を調査しているが，その結果を紹介したデータブックの中に「必需時間の小学生，拘束時間の中学生・高校生，自由時間の大学生」というタイトルの節があった。すなわち，小学生は体が成長途上であるから睡眠時間を中心とする必需時間が長く，中・高校生になると授業やクラブ活動，学校行事などによって学校に拘束される時間が増え，さらに大学生に対しては自由に使える時間が多いことからつけられたのであろう。そして，大学生は，拘束の長かった高校生活から解放され，「つかの間の自由時間を謳歌する。そして，再び拘束時間の長い社会人の生活に入っていく」と記されている[6]。大学生への聞き取り調査の中で，ライフコースにお

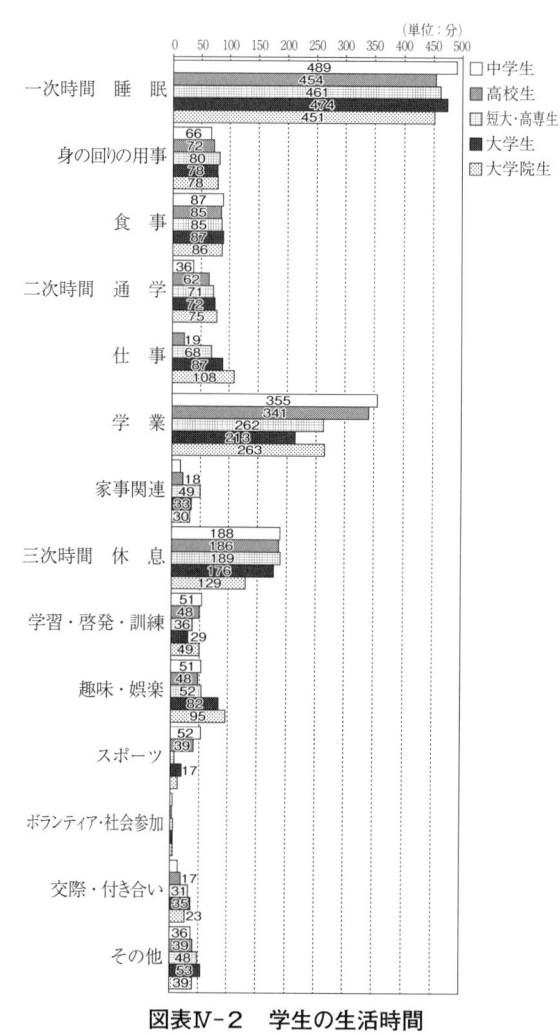

図表Ⅳ-2 学生の生活時間						
分類	項目	中学生	高校生	短大・高専生	大学生	大学院生
一次時間	睡眠	489	454	461	474	451
	身の回りの用事	66	72	80	78	78
	食事	87	85	85	87	86
二次時間	通学	36	62	71	72	75
	仕事	19	68	87	108	
	学業	355	341	262	213	263
	家事関連	18	49	33	30	
三次時間	休息	188	186	189	176	129
	学習・啓発・訓練	51	48	36	29	49
	趣味・娯楽	51	48	52	82	95
	スポーツ	52	39		17	
	ボランティア・社会参加					
	交際・付き合い	17	31	35	23	
	その他	36	39	48	53	39

(単位：分)

注) 総務省「平成23年度 社会生活基本調査」所収のデータより作成。
出所) 総務省HP

ける学生生活の意義として「社会に出る前の最後の自由時間」といった回答があった[7]，とされていることと軌をひとつにしているように感じられる。

それでは，大学生の生活が自由であることは，どのような事実からわかるのだろうか。総務省の「社会生活基本調査」（2011年）の中から一日当りの生活時間配分のデータを参照してみることにしよう（図表Ⅳ-2）。在学している学校の各段階であっても違いの少ない項目もあるが，何よりも大学生の生活時間で気がつくことは，最高学府で学んでいるはずにもかかわらず学業時間が短い点である。最長の高校3年生に比べて3時間弱，中学生からも2時間半ほど減っているし，研究のための勉学を志している大学院生の学業時間も意外なくらいに短い。しかし，これでも学業時間の最近の傾向としては，最短であった1996年よりは勉強回帰の

図表Ⅳ-3　起きている人と寝ている人の比率

〈平日朝〉

	小学生	中学生	高校生	大学生
午前6:00	91%	86	79	89
6:15	85	80	74	87
6:30	61	61	56	78
6:45	47	49	46	74
7:00	18	23	25	64
7:15	9	13	18	62
7:30	3	4	7	53
7:45	1	2	5	50
8:00	0	1	3	38

■は半数以上の人が起きている時刻

〈平日夜〉

	小学生	中学生	高校生	大学生
午後9:00	14%	3	3	2
9:15	17	3	3	2
9:30	32	5	4	2
9:45	36	6	4	3
10:00	61	16	7	3
10:15	66	17	8	4
10:30	78	28	12	5
10:45	80	31	13	6
11:00	91	50	26	12
11:15	92	54	28	13
11:30	95	67	40	20
11:45	97	70	44	23
午前0:00	99	86	66	46
0:15	100	87	67	47
0:30	100	91	72	53
0:45	100	91	73	54

出所）NHK放送文化研究所編『日本人の生活時間・1995——NHK国民生活時間調査』日本放送出版協会，p.91

■は半数以上の人が寝ている時刻

ためか，40分ほど長くなっているとされている。そこで，学業時間の代わりに増えているのが，趣味・娯楽や交際・付き合いなどの余暇行動の項目であり，大学生の自由時間の使い方における特徴を示している。また，睡眠時間も高校3年生に比べてやや長くなっている[8]。

NHKの生活時間調査の中には，学生の起きている時刻と寝ている時刻の分布のデータが紹介されているが，一時間目の授業時間に制約されている小・中・高校生に比べて「宵っ張りの朝寝坊」ができるのも自由な大学生の特権であるのかもしれない（図表Ⅳ-3）。つまり，大学生は「授業を取る取らない，授業に出る出ないの選択を含めて学業による時間的拘束は高校生までよりも少ない」ということは確かであると思われる[9]。しかし，大学生にとって余暇時間や睡眠時間は，学業時間が減った分ほどは増えているわけではない。それは，アル

バイトをするための仕事時間が加わるからである。アルバイトが大学生の生活において重要な部分を占めていることは，次節で紹介したい。

● 大学生は週何日登校しているか，クラブやバイトの日数は？

このような大学生の生活時間の配分は，彼らのどのような生活からきているのだろうか。ここでは，Benesse 教育開発研究センターが大学生約 4000 人を対象にして行った「大学生の学習・生活実態調査」(2008 年)から取り上げてみたい。

まず，大学への一週間当たりの登校日数であるが，平均 4.4 日となっている。ただし，学年が進むに連れて少なくなり，4 年生は 3.5 日である。4 年生になって単位の修得もほぼ終わっていれば，就職活動やアルバイト，青春の最後の思い出づくりをめざしてキャンパスの外での行動が多くなるのかもしれない。さらに，注目されるのが，文科系学部学生(人文科学，社会科学)の登校日数が平均 2.9 日で少ないのに対して，保健・医療系学部(医学，薬学，看護学など)で 4.8 日と理系で多いというような学部系統にみられる違いであり(図Ⅳ-4)，同じ大学生であっても学部系統によって生活パターンにそれぞれの特徴を認めることができる。これは，授業出席率についてみても，1 年 91％，2 年 88％，3 年 87％，4 年 82％となっていて学年の差が小さいのに対し，社会科学系(法学，政治学，経済学，会計学，社会学など)46.7％，保健・医療系 94％というように文科系で低く，理工系学部(理学，工学など)や教育系学部(教育学，教員養成学部など)の学生で高いという結果にも表れている[10]。このように，理科系の学生が登校日数や授業出席率で優っているのは，彼らが勉学に熱心であること以上に講義のほかにも準備を要する実験・実習の授業も多く，これらに全部出席したり，自主的に学習しなければ学業についていけなくなるからだろう。

キャンパスライフにおいて，授業とともに大切な役割を果たしているのが，クラブ・サークル活動である。同じく Benesse の調査によれば，クラブ活動

IV 学生生活と若者たち   59

に参加しているという学生は49％で約半数になっており，22.5％が現在は止めている，28.5％が参加したことはない，と答えている。文化会系と体育会系でみると，全体のなかでは文化会系27.7％，体育会系24.9％であり，文化会系が少し高い[11]。全国大会や国際大会などで大学生のスポーツ選手が活躍するので，大学スポーツは盛んなようにみえるけれど，全学生的には「社会生活基本調査」（2011年）で大学生のスポーツ時間は一日平均15分となっていて長くはない。

さて，大学生にとって生活の中でクラブ活動より大きなウェイトを占めているのがアルバイトだろう。Benesseの調査によると，アルバイトをしているという学生は63.7％であり，クラブ活動よりもかなり高く，一週間の活動状況をみても

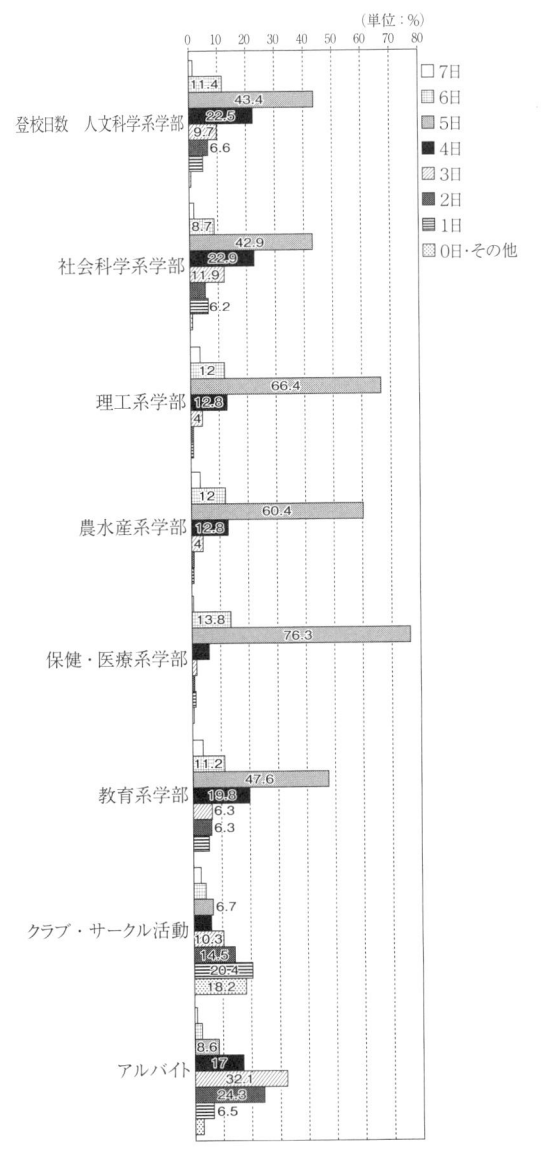

図表IV-4　大学生の週平均活動日数

注）Benesse 教育開発研究センター「大学生の学習・生活実態調査」所収のデータより作成。
出所）ベネッセ・コーポレーション HP

クラブ活動をやや上回っていることもこれを裏づけている（図表Ⅳ-4）。2008年の大学学部生数は，約257万人であったから，約164万人が学生アルバイトとして働いていたわけであり，日本の労働市場において決して無視できる存在ではないといえよう。学部系統別では，一週間の平均時間が社会科学系で15.3時間なのに対して保健・医療系が10.8時間と5時間近く差があり，文科系よりも理科系で短いという特徴がみられる[12]。学年でも4年生が最も長くなっており，アルバイト時間が学業からの拘束と反比例した関係にあることは明らかである。

学生がアルバイトをするのは，当然に収入を得るためである。Benesseの調査では，学生の一カ月の収入額の平均は8万4000円とされており，内訳は親などの保護者から2万9000円，奨学金2万円，アルバイト3万3000円，その他2000円となっている。そして，月8万円未満の者は過半数の57％を占めている。ここで注意を引くのは，親などから0円が37.1％，奨学金0円が70.1％もいることであり，最近の各大学が学生支援に力を入れていても，不況下では大学生にとってアルバイトに依存しなければならない状況に変わりがないことがわかる[13]。もちろん，アルバイトについての聞き取りに学生の多くが「就業体験を得て社会について学ぶことができる」と回答していたように[14]，社会勉強に役立つことは確かである。しかし，学生アルバイトは，あくまで臨時の非正規雇用者であって，正社員の現実の仕事を実習したインターンシップの受講生たちが口をそろえて「アルバイトとは仕事の責任が全然違う」と感想を語っていることにもある通り，「会社ってこんなもの」といった安易な判断はしないことが必要だろう。

(3) ライフコースの中の学生生活の意義

● まじめになった大学生

かつては，大学のレジャーランド化が指摘され，学生はモラトリアム感覚で

自由な生活を満喫し，アルバイトの収入でもっぱら（異性の）友だちと遊んでばかりいるといった批判がなされたものである。確かに，学生時代には思いっきり遊ぶことができるという学生の意見が森俊太の行った聞き取りには出ている[15]。

しかし，若手教育学者の溝上慎一は，1990年代以降の現代の大学生にとって大学は将来を保証された青春を謳歌する場所ではなくなり，大学が教育の質的改革に努めるとともに，学生も就職状況の悪化からカリキュラムを消化する以上に資格修得に励み始めたため，勉強に忙しくなってきた，と述べている（コラムⅣ参照）[16]。このように，最近の大学に対しては，教育力の強化や就業能力の育成が一層求められており，携帯電話で出席確認をすることも導入されているので，情勢の変化が急速である。これは，日本大学生活協同組合連合が「大学生活で重点を置いていることはどれか」と尋ねたアンケート調査の中で，解説した教育社会学者の武内清が「状況の変化にともなってまじめ化が進んでいる」としているように，1991年から2011年までの20年間の間で「豊かな

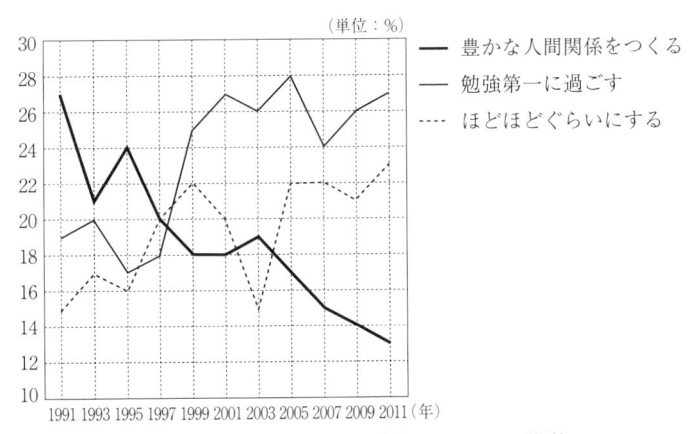

図表Ⅳ-5　大学生活の重点についての推移

注) 日本大学生活協同組合連合「大学生生活実態調査」による。
出所) 毎日 JP, 2012年10月23日付
　　　『毎日新聞』2012年10月23日付朝刊

人間関係」に代わって「勉強第一」がかなり増えている結果からも理解できよう（図表Ⅳ-5）[17]。現在では，まじめな学生ほど，自由に遊ぶというよりも，学業や資格修得などのために多忙なのではないだろうか。

● 大学における学習成果

ここでは，このような大学生たちが大学における学習成果をどの程度ととらえているかを紹介してみたい。Benesse の調査では，28 の項目を設けて，大学時代に身についたと思うかどうかを尋ねているが，本節では多くの学生が「かなり」か「ある程度」身についたと答えている比率上位の項目から挙げてみることにしよう。それによれば，「コンピュータを使って文書や発表資料を作成し，表現する」（74.8％）をトップに「社会の規範やルールにしたがって行動する」「専門分野の基礎的な知識・技能を身につける」「進んで新しい知識や能力を身につけようとする」「多様な情報のなかから適切な情報を取捨選択する」までが70％以上に達したベスト5になっている。つづいて「情報の正しい理解の方法」「幅広い教養・常識」「コンピュータを使ったデータの作成・整理・分析」などが並んでいる[18]。すなわち，学生たちは，大量の情報があふれている現代社会に適応するために情報リテラシーを学習することに力を入れているとともに，大学における専門教育や教養教育から学ぶことの大切さも自覚しているように思われる。

一方，これとは反対に下位の項目からみてみると，「社会活動（ボランティア活動や NPO 活動を含む）に積極的に参加する」（21％）が最下位になっており，「外国語で聞いたり話したりする」「自ら先頭に立ってグループをまとめる」「外国語で読み書きをする」がつづき，「図や数式を用いての表現」「国際的な視野」なども挙がっている[19]。こちらでは，グローバル化が強調されているにもかかわらず，外国語リテラシーなどに弱く，社会活動への参加に尻ごみするという学生たちの内向きな特徴がはっきりと出ている。

● 明らかになった学部系統による違い

これからの時代に社会で活躍するためには,情報リテラシーも外国語リテラシーのどちらも必要だろうから,現在の学生たちには何とか克服してもらいたいものである。しかし,学部系統別にみると,それぞれの個性が出ていて興味深い。たとえば,人文科学系統学部（文学,語学,史学,哲学など）では外国語や外国文学,外国史や国際教養などを学ぶ学生が多いためか,外国語リテラシー,国際的視野,多様な文化の理解などが平均を上回っていた,とされている。これは,人文科学系学部出身者の学習成果の意義として評価しなければならないだろう。また,社会科学系学部の学生では,数的処理にかかわる項目が低かったのに対し,理工や農水産系（農学,水産学）,保健・医療系の学部系統の学生ではそれらが高く,逆に外国語や国際文化の項目が低かったとされていて,文科系と理科系との得意不得意や興味・関心による学習成果の違いが明らかに存在しているようである。

さらに,保健・医療系では専門分野の知識で,教育系の学部学生ではリーダーシップや統率といった人間関係,感情のコントロール,問題の分析や課題の発見,社会活動への積極的参加などと,医師や教員となるうえで必要な資質にかかわる項目について学習成果の評価が高くなっている[20]。保健医療系や教育系の学生たちは,彼らがめざしている進路へ対応した学習を志しているからではないかと思われる。

● 大学への満足度は？

それでは,学生たちは大学に対してどのくらい満足しているのだろうか。同じく Benesse の調査によると,全体として各項目の満足度が高いが,最近の各大学が施設・設備の充実をはかっていることもあって,利便性が実感できるからかハード面の満足度が高い。これに対して教員や教育システムについては,学生の受け取り方が多様であるため今一歩といった感じである。また,進路支援体制への満足度について「判断できない」が他より多くみられるのは,まだ

1・2年生で判断するだけの経験をしていない学生が含まれているからで、4年生になれば減っている（図表IV-6）。ここでも、学部系統による差異があって、理科系の学部系統では実験や実習のために使用する施設・設備のさらなる充実を求めてなのか満足度がやや低く、教育系は教員や教育システムへの満足度が高かった。教育系の学生たちにとって、最近の教員養成課程におけるカリキュラムの改革が効果をみせているとされているが[21]、これも自分の将来の志望と重ね合わせて共感するところがあるからかもしれない。

このように見てくると、一口に日本の大学生といっても、彼らの学部の系統によって個性がかなり異なっていることが明らかになった。やはり、文科系か理科系かは、後々までついてまわっているようであるし、就職先にも関係している。とりわけ、保健・医療系や教育系学部の学生たちは、医師や教員などになるための自覚をもって学びとっているように感じられる。

そして、今後の大学教育においては、たとえば文科系、理科系の学生たちに表れた大学生活の経験から身につけたものの違いなどを考慮に入れて、少しでも互いを補完できるようなカリキュラムや授業方法を開発していく必要があるだろう。そのようになれば、若者たちのライフコースにおいて大学教育の果た

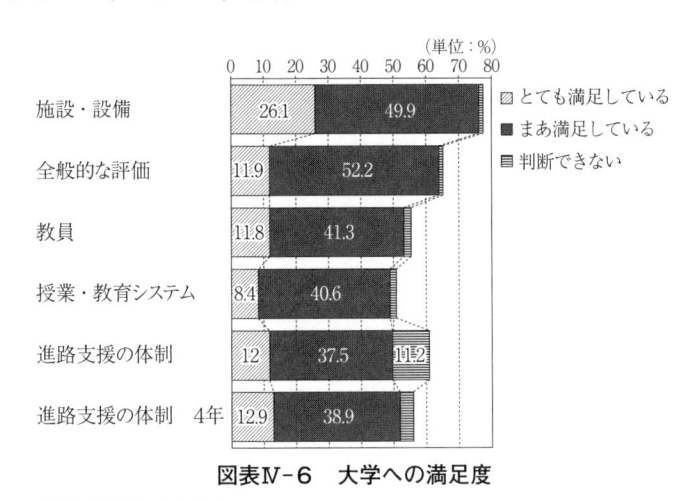

項目	とても満足している	まあ満足している	判断できない
施設・設備	26.1	49.9	
全般的な評価	11.9	52.2	
教員	11.8	41.3	
授業・教育システム	8.4	40.6	
進路支援の体制	12	37.5	11.2
進路支援の体制 4年	12.9	38.9	

（単位：%）

図表IV-6 大学への満足度

出所）図表IV-4と同じ

す役割の意義を高めていくことが期待できるからである。

注

1)・2) 文部科学省編『平成27年版　文部科学統計要覧』文部科学省HP，2012年
3)『日本経済新聞』2012年8月28日付朝刊
4) 文部科学省「平成24年度　学校基本調査」文部科学省HP
5) 国立社会保障・人口問題研究所編『人口の動向　日本と世界——人口統計資料集2012』厚生労働統計協会
6) M.トロウ（喜多村和之編訳）『高度情報社会の大学——マスからユニバーサルへ』玉川大学出版部，2000年
7)・10) NHK放送文化研究所編『日本人の生活時間　1995—NHK国民生活時間調査』日本放送出版協会，1996年
8)・16)・17) 森俊太「キャンパスライフ」永井広克編著『若者と現代社会』学文社，2005年
9) 総務省「平成23年度　社会生活基本調査」総務省HP
11)～15)・19)～21) Benesse教育開発研究センター「大学生の学習・生活実態調査」ベネッセ・コーポレーションHP
18)『毎日新聞』2012年10月23日付朝刊

参考文献

吉見俊哉『大学とは何か』岩波書店，2011年
大塚英志『大学論——いかに教えいかに学ぶか』講談社，2010年
武内清編『大学とキャンパスライフ』上智大学出版，2003年
梶田叡一『新しい大学教育を創る——全入時代の大学とは』有斐閣，2000年
永井道雄『日本の大学——産業社会にはたす役割』中央公論社，1965年

コラム Ⅳ　学生像の変化

　溝上慎一は，「1980年代以前の学生は，先のことなど何も考えずに青春を謳歌することができた」と述べている。そして，1960年代に「立てばパチンコ，座ればマージャン，歩く姿は千鳥足」とうたわれた大学生の姿があったと記している。(『現代大学生論――ユニバーシティ・ブルーの風に揺れる』日本放送出版協会，2004年，pp. 146)。

　筆者の通った大学には，最寄り駅から大学の正門まで数百メートルにわたって学生街があり，道路の両側に学生向けの店舗が立ち並んでいた。当然に，雀荘や居酒屋が林立しており，喫茶店や書店・古書店も多かったし，パチンコ店もあった。受験勉強から解放された学生たちは，学業と同時に裏の必修科目といわれたマージャンなど大人の遊びや酒が仲立ちする人間関係に接することで大人社会の機微を知り，社会人への階段を登っていったのである。

　溝上は，このような1990年代以降の現代の大学生にとっての前段階に当たる学生像は「完全に風化しつつある」と判断している。もはや，大学は将来を保証された，青春を謳歌する場所では必ずしもなくなってしまったからである。現代の学生にとってのキャンパスライフとは，溝上のいうように大学のブランドにプラスαの学生の中身，資質が問われている時代を反映して，資格や就職のための勉強に励むようになったこととされている。(前掲書P142)

　したがって，学生街も，携帯電話やスマートフォンの販売店が多くを占め，学生たちは情報収集に躍起である。数少なくなった書店の棚も地味な学術書よりも表紙の色彩が鮮やかな資格修得や就職活動のガイド本，実用書ばかりが並んでいる。つまり，エリートへの回廊という特権を失いつつある現代の大学には，生身の学生個人個人が卒業後のための新たな挑戦を発見する機会を提供することが求められている。

Ⅴ 職業生活と若者たち

（1）多様化する大学卒業生の進路
——学校基本調査から

● **厳しさのつづく就職状況**

　文部科学省は，学校に関する基本的な事項を把握するために，毎年「学校基本調査」を行っている。日本のすべての学校は，5月1日現在の状況を報告しなければならないことに定められている。その結果の中で，最近注目されているのが大学卒業生の進路である。

　2012年8月に発表された最新のデータによれば，3月に大学を卒業した若者たちの就職状況が「氷河期」といわれた時期に匹敵するくらいの厳しさにあることが明らかになった。すなわち，卒業生55万3000人のうち正社員や自営業者として社会人のスタートを切った若者は約60％に留まっているからである。その他には，契約社員や派遣社員，アルバイトとして働いている非正規雇用者が7.4％いる。そして，さらに重視しなければならない層としては「仕事も就職もしていない」という非労働力化した若者が8万6000人もいて15.5％を占めていることである（図表Ⅴ-1）[1]。ここからは，新卒業生のうちの4人に一人に当たる約12万8000人が安定した仕事に就いていないか，仕事をしていないという現実が認められる。13万人近くというと中規模の地方都市くらいの

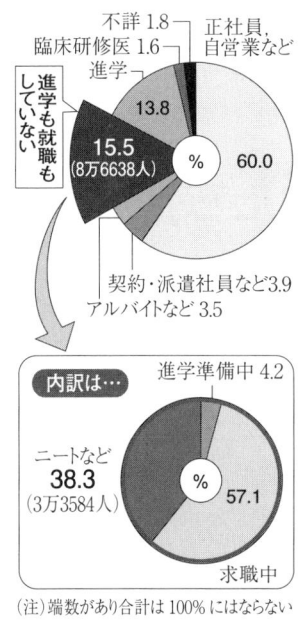

図表V-1のデータ：
不詳 1.8
臨床研修医 1.6
進学 13.8
進学も就職もしていない 15.5（8万6638人）
正社員、自営業など 60.0
契約・派遣社員など 3.9
アルバイトなど 3.5

内訳は…
進学準備中 4.2
ニートなど 38.3（3万3584人）
求職中 57.1

(注)端数があり合計は100%にはならない

図表V-1　2012年大学卒業者の進路

出所)『日本経済新聞』2012年8月28日付朝刊

人口であるから、これだけの数の若者たちが実社会において十分に活かされていないのである。

もちろん、学部卒業生の大学院などへの進学や留学もあるのだから、何も正社員になるだけではなく、彼らが多様な進路を進むことはライフコースの選択として決して間違っているわけではない。しかし、大学を卒業した若者たちのうちのかなりの数が正社員を望みながらもフリーターを余儀なくされたり、学校にも仕事にも行っておらず、就職のための訓練も受けていないというニート（NEET）——12年卒業者のなかから3万3000人加わったと推測されている——になっていることは、若者たちの今後の可能性を考えるうえで決して望ましい現象とはいえないだろう。さらに、この調査の結果を報道した新聞記事が「日本社会全体の労働力の質が下がる懸念がある」と述べているように[2]、日本の経済や社会の将来にとっても不安の大きくなる出来事だと思われる。

(2) 職業構造の変動

● 職業とは何か？

日本における職業社会学のパイオニアであった尾高邦雄は「職業とは個性の発揮、役割の実現および生計の維持をめざす継続的な人間活動である」と論じ、これらを職業（ocupation or vocation）の三要素と定義している[3]。つまり、職業をもって働くこととは、自分の個性や能力によって社会の中の分業の一端を

担うという役割を遂行し，これによって経済的な報酬を受けて生活を営むことを意味しているのである。マスメディアなどが誰かを紹介しようとする際に氏名や年齢の前に職業をつける場合が多いのは，職業がその人物が社会の中で果たしている地位や役割を表しているからであり，若者が職業に就いて初めて「社会人」といわれるようになるのも，職業がライフコースを歩む人間にとって社会と関わるうえでの重要な機会だからである。

若者たちに限らず人びとが自立して生きていくためには，ほとんどの人は職業に就かなければならない。このような場合には，まず入りたい会社，役所，法人，団体などを目標に就職活動することが多いものと思われる。確かに，現在の日本では，就業者のなかの大部分である87.7％（2010年）が雇われて働く雇用者なのであるから[4]，就職が「就社」になってしまうことも止むを得ないかもしれない。しかし，具体的にどのような仕事に就くかが，就職なのであるから，若者たちが就社にとらわれず自分のやりたい仕事をめざすことが望まれる。改めて確認するまでもなく職業生活とは，途中で退職しなければ，おおよそ人生80年のうちの過半を超えるというライフコースの中で最も重要な時期に当たるからである。

● 職業構造変動の推移

さて，現代の日本には，どれくらいの種類の職業があるのだろうか。3万4000以上もあるという研究者もいるが[5]，国勢調査などでは一定の体系によって職業を分類している。職業構造とは，これらの職業分類の中のそれぞれに該当する就業者の分布状態のことである。すなわち，職業構造は，その社会の構造の一端を表しているのであるから，就業者構成の推移をみることによって社会構造の変動を説明できるのである。

ここでは，職業の大分類項目について1950年から60年間の就業者構成の推移を取り上げてみたい（図表V-2）。それによれば，第一に約半分を占めていた農林業作業者の激減が挙げられる。当然に戦前は，もっと多かったわけで

(単位：%)

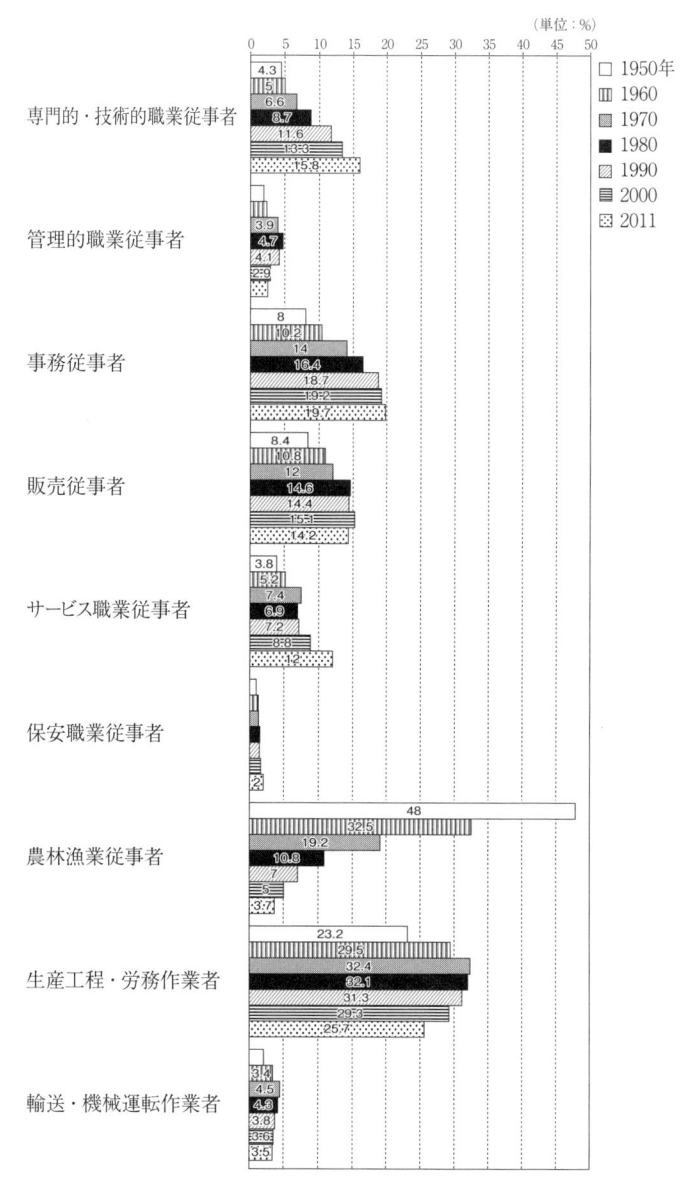

図表Ⅴ-2　職業別就業者構成比の推移

職業	1950年	1960	1970	1980	1990	2000	2011
専門的・技術的職業従事者	4.3	5.1	6.6	8.7	11.6	13.3	15.8
管理的職業従事者		3.9		4.7	4.1		2.9
事務従事者	8	10.2	14	16.4	18.7	19.2	19.7
販売従事者	8.4	10.8	12	14.6	14.4	15.5	14.2
サービス職業従事者	3.8	5.2	7.4	6.9	7.2	8.8	12.2
保安職業従事者							2
農林漁業従事者	48	32.5	19.2	10.8	7	5	3.7
生産工程・労務作業者	23.2	29.5	32.4	32.1	31.3	29.3	25.7
輸送・機械運転作業者	3.4	4.5	4.3	3.8	3.6	3.5	

注）大分類項目および項目ごとの職業はたびたび改訂されるので，厳密な比較はできない。
出所）「労働力調査」「国勢調査報告」より作成

(1920年54.9％)、戦後の日本において農業国から工業国への大きな変化が起こったといえるだろう。

第二は、生産工程作業者とされていた製造や建設の現場で働いている工員や職人といわれる労働者が1970年代にピークを迎えた後にはしだいに構成比を下げ、人数も減少している事実である。この変化は、60年代の高度経済成長が工業製品の大量生産や大規模建設によって進められてきたこと、Ⅱで取り上げたように工業からサービス産業への産業化の構造的な転換が最近にかけて起こったという歴史を示している。

第三には、専門的・技術的職業、事務、販売といった職業従事者の構成比が上がっていることで、近年のブルーカラーからホワイトカラーへの動きとして重要である。とりわけ、専門的・技術的職業従事者のかなりの増加が注目されよう。この専門的・技術的職業従事者には、医師、弁護士、会計士、教員などの大学卒業以上の専門的知識が必要な公的資格を有する者、プロスポーツ選手や芸術家、宗教家などの優れた技能をもつ人びとが含まれている。近未来の日本も、イギリスの教育社会学者パーキン (Parkin, H.) の強調する専門職従事者が社会において大きな機能を果たすという専門職社会 (professional society) に到達するものと考えられる[6]。

● 職業構造の変動と大学卒業生の就職状況

それでは、このような職業構造の変動は、大学卒業生の就職とどう関係しているのだろうか。大学卒業生の職業別就職者の推移を参照すると、明らかに職業構造の変動と関連して変化してきた経緯が理解できる (図表Ⅴ-3)。

日本の大学が新制に移行した直後で大学卒業生が希少であった1955年には、卒業生の33.4％が教員になっており、彼らは地域の教育者として指導的な地位に就いていったのである。ところが、産業・経済が成長期から繁栄期に入った1960年代から70年代になると事務従事者や販売従事者への就職が大きく増え、半数を超えるようになった。この傾向は、2000年代にもつづいていて、人文

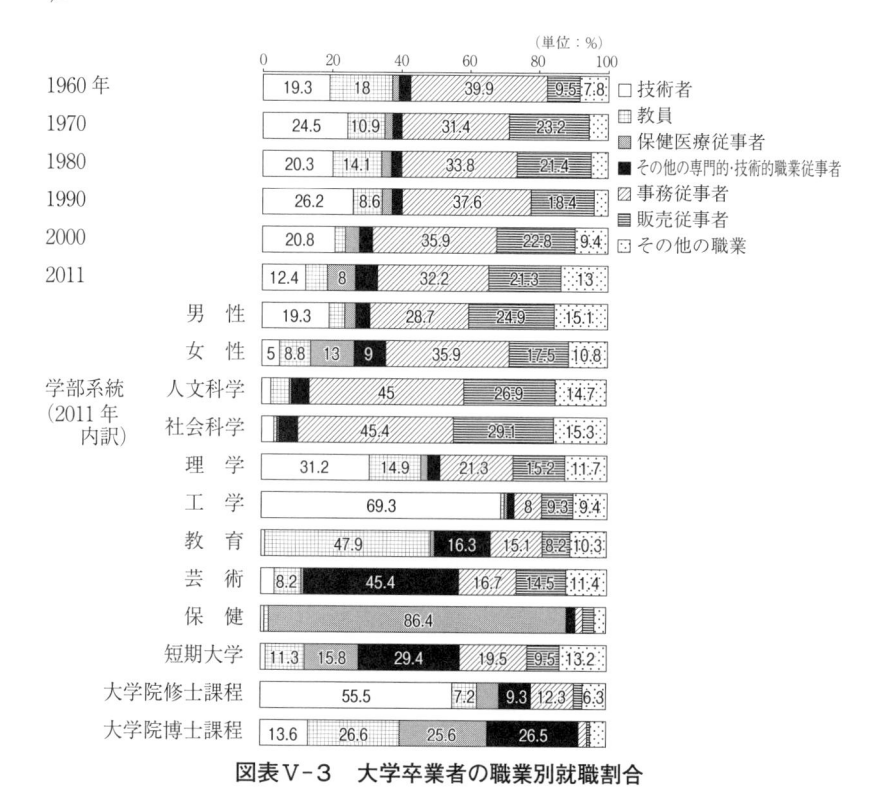

図表Ⅴ-3　大学卒業者の職業別就職割合

凡例：□技術者　□教員　■保健医療従事者　■その他の専門的・技術的職業従事者　▨事務従事者　■販売従事者　□その他の職業

年・区分	技術者	教員	保健医療従事者	その他の専門的・技術的職業従事者	事務従事者	販売従事者	その他の職業
1960年	19.3	18		39.9		9.5	7.8
1970	24.5	10.9		31.4		23.2	
1980	20.3	14.1		33.8		21.4	
1990	26.2	8.6		37.6		18.4	
2000	20.8			35.9		22.8	9.4
2011	12.4	8		32.2		21.3	13

学部系統（2011年内訳）

区分	技術者	教員	保健医療	その他専門	事務	販売	その他
男性	19.3			28.7		24.9	15.1
女性	5	8.8	13	9	35.9	17.5	10.8
人文科学				45		26.9	14.7
社会科学				45.4		29.1	15.3
理学	31.2	14.9		21.3		15.2	11.7
工学	69.3			8		9.3	9.4
教育		47.9		16.3	15.1	8.2	10.3
芸術	8.2		45.4		16.7	14.5	11.4
保健			86.4				
短期大学	11.3	15.8		29.4	19.5	9.5	13.2
大学院修士課程	55.5		7.2	9.3	12.3	6.3	
大学院博士課程	13.6	26.6	25.6	26.5			

注）文部科学省『平成24年版　文部科学統計要覧』文部科学省，2012年，pp.116-123所収のデータより作成。
出所）文部科学省『平成24年版　文部科学統計要覧』文部科学省，2012年

科学系や社会科学系の学部——とくに社会科学系——は，高度経済成長と経済大国を支えたサラリーマンとオフィスレディを養成してきたと判断できよう[7]。これが，学生数とくに女子学生の増加に対応していた動きであったことはいうまでもない。このために，Ⅳで見たように，社会科学系の大学生は，保健・医療系や教育系学部の学生よりも専門職をめざすための個性が弱かったのでないかと思われる。そして，最近の文科系学部の学生が就職活動で苦戦しているのは，事務職や販売職などの求人件数が長引く不況によって減少しているからなのである。

V　職業生活と若者たち

　文科系学部に対して，理工系学部や理工系の多い大学院修士課程の卒業者からは技術者が，保健・医療系学部からは医師，薬剤師，看護士などの医療従事者が，さらに教育系学部からは教員が高い比率で巣立っている。これらの学部や大学院は，それぞれの専門的・技術的職業従事者を養成しているのであり，大学（院）教育が専門職への就職に比較的ストレートに結びついている場合が多い[8]。やはり，大学で学ぶ若者たちの性向や就職は，学部や学科などによって大きく左右されることが認められる。したがって，受験生へのアドバイスとして「ブランド力のある大学なら学部や学科は二の次でいい。偏差値を調べて入りやすいところを狙え」という意見は望ましいとは思われない。ただ，高校生の若者たちが，大学入試に当たって早くから卒業後の進路を決められないのも事実であるから，兼ね合いの難しいところである。

(3) 若者たちの働き方
——正規雇用か非正規雇用か

● 増える非正規雇用者

　最近の日本人の中には，非正規雇用で働く人びとが増えてきている。たとえば，1990年には雇用者4690万人のうち18.8％が非正規雇用であったのだが，2000年には24.1％に上昇した。そして，リーマンショックと東日本大震災を経験した14年では，雇用者5586万人の中で役員6.2％，正規雇用者58.7％に対して非正規雇用者が33.1％と，ちょうど3分の1になっている[9]。若者たちをみると，15～24歳では2000年が23.5％，10年が37.4％（男性25％・女性42％）であり，いわゆる若年フリーターの数も1992年の50万人からピークであった2003年には217万人にまで急増した——ただし，2014年では179万人（15～24歳73万人，25～34歳105万人）に減少している——[10]。これは，若者たちの就職難とともに，彼らがより良い職場を求めて転職することが多い雇用の流動性からも影響されていると考えられる。

図表V-4　非正規雇用者を活用する理由（複数回答）

	短時間のパート	派遣労働者
第1位	賃金の節約のため（47.2％）	即戦力・能力のある人材を確保するため（30.6％）
第2位	1日，週の中の仕事の繁閑に対応するため（41.2％）	専門的業務に対応するため（27.0％）
第3位	賃金以外の労務コストの節約のため（30.8％）	景気変動に応じて雇用量を調整するため（24.7％）
第4位	長い営業（操業）時間に対応するため（23.8％）	正社員を確保できないため（20.6％）
第5位	景気変動に応じて雇用量を調節するため（23.2％）	賃金の節約のため（18.7％）

注）厚生労働省『平成22年　就業形態の多様化に関する研究会報告書』2011年による。
出所）佐藤博樹・佐藤厚編『仕事の社会学（改訂版）』有斐閣，2012年，p.155
　　タイトルの非典型雇用を非正規雇用者に改めた。

　それでは，なぜ非正規雇用という勤務形態が増加してきているのだろうか。まず，非正規雇用者を活用しているという企業側の理由をみてみよう。それによると，パートタイムについては仕事量の繁閑や長い営業時間に対応するためなどが挙がり，派遣労働者については彼らの即戦力や能力，専門的業務を評価するような回答が出されている。しかし，何より重要なのは，賃金や労務コストの節約，雇用量の調整などの減量経営や労働力の数量を柔軟に利用できるという点であり，非正規雇用者とは企業側にとって使い勝手のよい存在だともいえよう（図表V-4）[11]。

　一方，非正規雇用で労働に従事している人びとから，現在の就業形態を選んだ理由を尋ねた結果を参照してみると，パートタイムからは家計のためや自分で使えるお金といった金銭的な理由と労働時間の融通性への評価が高く，パートやアルバイトで働いている人びとは時間に柔軟な勤務を望んでいることがわかる[12]。若者のフリーターの中には，「夢追求型」といって自分が抱いている将来の希望を実現する時間を確保するために非正規のアルバイト生活を選んだ者もいるのだろうが，彼らに適した働き方なのかもしれない。これに対し，派遣労働者の場合では，自分のもっている能力を活かしたいと考えていて企業側

図表V-5　現在の就業形態を選択した理由（複数回答）

	パートタイム労働者	派遣労働者
第1位	自分の都合のよい時間に働けるから（50.2%）	正社員として働ける会社がなかったから（44.9%）
第2位	家計の補助，学費を得たいから（39.6%）	専門的な資格・技能を活かせるから（21.1%）
第3位	家庭の事情や他の活動と両立しやすいから（30.9%）	自分の都合のよい時間に働けるから（20.6%）
第4位	通勤時間が短いから（29.7%）	家計の補助，学費を得たいから（17.7%）
第5位	自分で自由に使えるお金を得たいから（24.7%）	より収入の多い仕事に従事したいから（17.2%）

注）厚生労働省『平成22年　就業形態の多様化に関する研究会報告書』による。
出所）図表V-4と同じ，p.159

の思惑と対応している。しかし，派遣労働者では，正社員として働ける会社がなかったからという回答が一位になっており（図表V-5），フリーターの型でいうならば今井千恵の指摘した「やむを得ずする型」に近いものがあるように思われる[13]。

このように，お互いに一致する理由もあったことから，企業は若者や中年の女性たちをアルバイトやパートタイムとして，あるいは資格や技能を有した派遣労働者を雇用する量を増やしていったのである。これには，当時の日本経営者団体連合会（日経連）が，1995年に発表した「新時代の『日本的経営』──挑戦すべき方向とその具体策」において，正社員中心から，今後は長期蓄積能力活用型，高度専門能力活用型，雇用柔軟型という3つのタイプに分けて人事管理を行うべきとした提案の影響が大きい。つまり，この中の後の2つの型が派遣社員やパートタイム・アルバイトに当てはまることから，雇用の非正規化への動きが強まったのである[14]。正社員をめざすつもりの若者たちにとっては，かなり前から厳しい流れがつくられ始めていたといえよう。

● 正規雇用者と非正規雇用者にみられる格差

ここでは，働く際に正規雇用か非正規雇用かで，ライフコースの中でどのよ

図表V-6　「正社員」と「非正社員」のキャリア形成の違い

(単位：％)

	正社員	非正社員
仕事の範囲	非限定 (63.3％)	契約により限定 (62.2％)
昇進の上限	第2次考課者以上 (54.8％)	管理的ポジションにつかず (78.9％)
技能育成方針（複数回答）（第1位①と第2位②）	①長期的な視点から計画的に幅広い技能を習得させる (53.0％) ②長期的な視点から計画的に特定の技能を習得させる (43.2％)	①提携業務をこなせる程度に技能を習得させる (38.6％) ②業務の必要に応じてそのつど技能を習得させる (30.6％)

注）連合総合生活開発研究所『雇用管理の現状と新たな働き方の可能性に関する調査研究報告書』2003年による。
出所）佐藤博樹・佐藤厚編『仕事の社会学（改訂版）』有斐閣，2012年，p.157

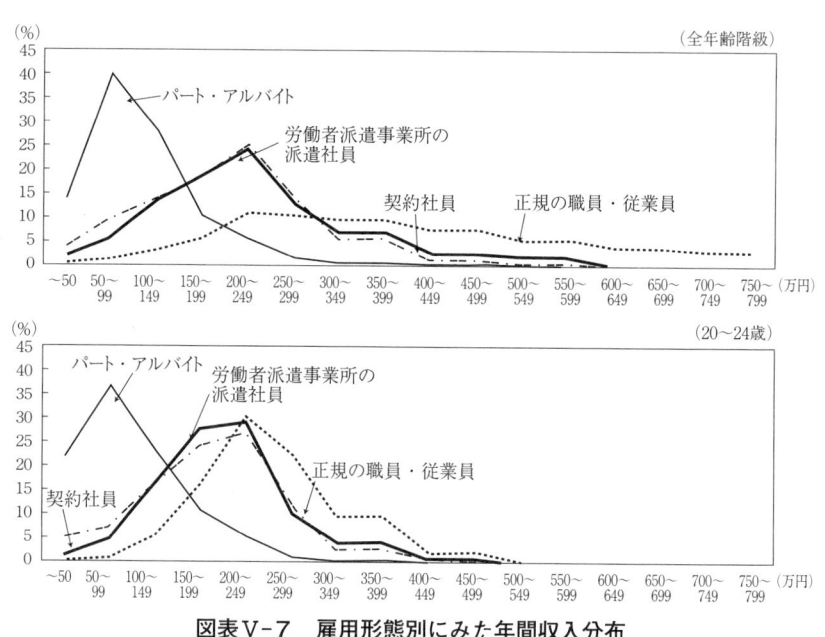

図表V-7　雇用形態別にみた年間収入分布

出所）厚生労働省『平成23年版　労働経済白書』2011年，p.276

うな格差が生じるかを取り上げてみたい。まず，処遇面の格差である。企業側の回答からは，仕事の範囲，管理職への昇進可能性，技能の育成方針などのキャリア形成において，正社員には長期間の雇用を前提にした仕事内容や人材育成，登用が考えられているのに対し，非正社員にはすべてが限定的なところで留められているというように明らかに差が設けられている（図表V-6）[15]。したがって，非正規雇用で働きつづけた場合には，責任の軽い気楽さはあるとしても，いつまでも下働きであり，長年の仕事からの達成感や高度のスキルアップを望むことは難しいかもしれない。

　この処遇からの結果でもあるが，正規雇用者と非正規雇用者との賃金格差も重要である。若い時ばかりか，全年齢で見てもパート・アルバイトの収入は低いところに分布している。これは，正社員の収入が年齢が上がっていくほどに伸びているのに，パートタイム・アルバイトではそうはならないからである（図表V-7）。これは，正規雇用者の賃金には，年功制として知られている社員の年齢に応じて生活を保障するための生活給が含まれているが，非正規雇用者の場合は年齢面での評価が非常に低いことによるとされている[16]。この他に，企業の福利厚生の利用とか，年金や健康保険，介護保険などの社会保険の保険料負担にも格差が認められる。非正規雇用者は，安定して働けないばかりか，Ⅲで紹介したような結婚格差があり，結婚しても子どもを産むか産まないか，住宅を購入するかしないかなどライフコースにおける将来の生活設計を描きにくいといわなければならない。

　こうしてみてくると，やはり就職は正規雇用でなくては，と若者たちが考えるようになるのはもっともなところである。しかし，正規雇用者の職業生活にも問題がある。それは，若い正社員に強いられる長時間労働である。2014年の全雇用者の月間労働時間の平均は145.1時間とされ，2000年の150.9時間からは減っているけれども，この数字はパート・アルバイトの比率が20％から29％へと増えたことから数字上緩和しているに過ぎない。正規雇用者の労働時間は，168時間から167時間へとほとんど減っておらず[17]，時短によってワー

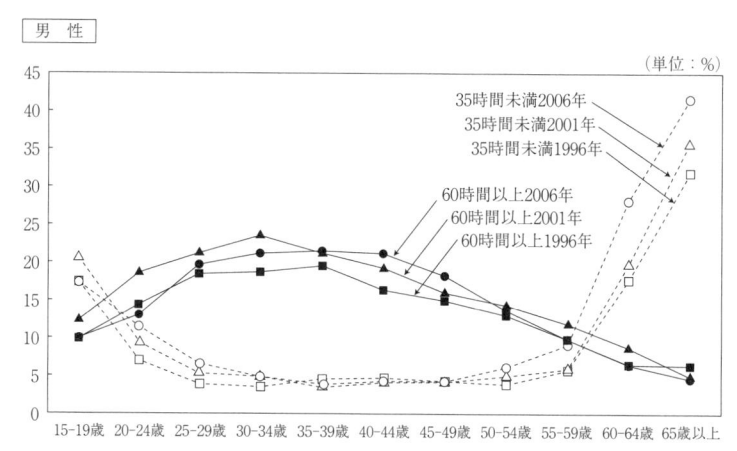

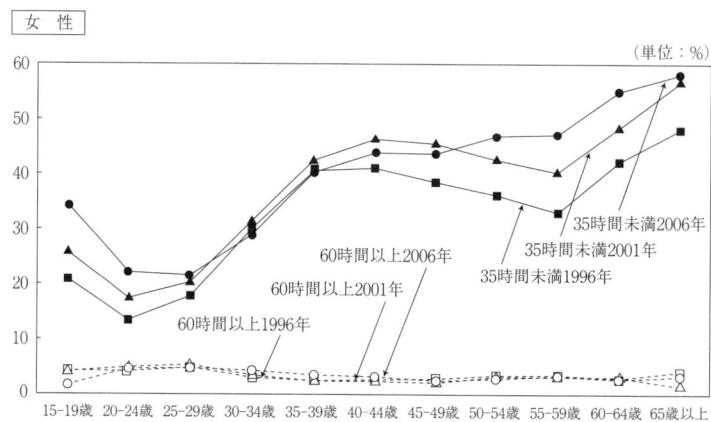

図表V-8　年齢階級別35時間未満及び60時間以上雇用者の割合

資料出所）総務省統計局「労働力調査（特別調査）」（1996年2月，2001年2月）及び「労働力調査」
　　　　（2006年1～3月平均）を厚生労働省労働政策担当参事官室にて特別集計
注）学卒者のうち，休業者を除く従業者総数に占める割合
出所）厚生労働省『平成19年版　労働経済白書』2007年，p.123

　クライフバランスが実現して暮らしやすくなりつつあるとはいえないのである。

　さらに，職場において重要な戦力になっている20歳代後半から30歳代にかけての若手から中堅に入り始めた男性正規雇用者の中で週60時間以上勤務するという者が5分の1から4分の1もいることは彼らに課せられた過酷な現実

——女性にはこのような長時間勤務者は少ない——を物語っている（図表V-8）[18]。このために，過労から肉体的・精神的な健康被害を起こしたり，自殺に追い込まれる若年労働者が現れており，遺族などが労働災害認定の請求を起こすケースも増加している——過労自殺とされる労災請求は，2001年92件が11年には202件になり，20歳代が55件と世代別最多を占めている——。たとえば，労災認定を受けた26歳で自殺した正社員の女性は，午後から夜間を中心にした12～15時間の勤務の間に30分の休憩しか与えられず，そのうえに休日も会社の行事や研修にも参加させられていた。女性がメモ帳に残した走り書きには「体が痛いです。体が辛いです。気持ちが沈みます。早く動けません。どうか助けて下さい。誰か助けて下さい」と書かれていたという[19]。

　現在の先行き不透明な経済状況の下で企業の人事管理は厳しくなり，労働者は正規と非正規とが混じりあっているために分断され，労働者を保護するセーフティネットも現行制度では十分でないことが明らかである。そこでは，竹信三恵子教授のアドバイスにもあるような「自分守るすべ身に着けて」おかなければならないくらいに（コラムV参照）[20]，若者たちの職業生活に起こる困難さは増大するのではないかと懸念される。

注）……………………………………
1)・2)『日本経済新聞』2012年8月28日付朝刊
3) 尾高邦雄『新稿　職業社会学（第一分冊）』福村出版，1953年
4)・9)・17) 矢野恒太記念会編『日本国勢図会（第73版）』矢野恒太記念会，2015年
5) 藤本喜八『改訂　職業の世界——その選択と適応』日本労働協会，1979年
6) H．パーキン（有本章・安原義仁編訳）『イギリス高等教育と専門職社会』玉川大学出版会，1998年
7)・8) 文部科学省編『平成24年版　文部科学統計要覧』文部科学省，2012年
10)・16) 厚生労働省編『平成27年版　労働経済白書』2015年
11)・12)・15) 佐藤博樹・佐藤厚編『仕事の社会学（改訂版）』有斐閣，2012年
13)・14) 今井千恵「岐路に立つ若年労働者」永井広克編著『若者と現代社会』学文社，2005年
18) 厚生労働省編『平成19年版　労働経済白書』2007年

19)『毎日新聞』2012年10月17日付朝刊
20)『毎日新聞』2012年9月24日付朝刊

参考文献 ....
上林千恵子編『よくわかる産業社会学』ミネルヴァ書房，2012年
佐藤厚『キャリア社会学序説』泉文堂，2011年
太郎丸博編『フリーターとニートの社会学』世界思想社，2008年
東浩和・安達智子編『大学生の職業意識の発達──最新調査のデータの分析から』
　学文社，2003年
尾高邦雄『職業社会学（尾高邦雄選集1）』夢窓庵，1995年

コラム Ⅴ　自分守るすべ身に着けて

　竹信三恵子和光大学教授は，日本経済が大量の非正規雇用を前提とするようになり，今後もこの流れが加速するだろうと述べている。さらに，正社員の雇用の安定も望みにくいという状況を踏まえて，現在の厳しい雇用環境にある若者たちに「自分守るすべ身に着けて」と呼びかけている。
　その具体的な内容として，
①職場で不利な立場に置かれても対抗できる力として個人加盟型の労働組合やNPOなどの困ったときに助けてくれるネットワークをつくる
②万一退職に追い込まれても生活苦にならないように年収2年分程度の貯金をする
などを挙げている。　　　　　　　　　　（『毎日新聞』2012年9月24日付朝刊）
　ネットワークについては，このような組織へのアクセスも可能になってきているので期待できるかもしれない。しかし，年収2年分程度というと少なくとも3百万円以上は必要ということだろうか。これ自体非正規雇用者ばかりか若手正社員にとっても大変な数字である。竹信のヒントは貴重だが，多くの若者たちがこちらを実行するのはかなり難しいように思われる。
　現在，アベノミクスによる景気回復への期待をマスコミは大いに持ち上げている。これによる成果が出れば，学生の就職状況は改善するだろう。しかし，かつての「日本的経営」の時代にあったような，社員・従業員の皆が「安心して働ける（と思っていた）」時代がもう望めないことは確かである。

第2部　若者たちの意識と行動

VI メディアと若者たちの政治意識

（1）若者たちを取り巻くメディア

● メディアとは何か

　あなたが「メディア」と聞いて思い浮かべるのはどのようなものだろうか。テレビだろうか，新聞だろうか，あるいはインターネットだろうか。

　そもそも，メディア（media）とは，英語で「媒体」を意味する medium の複数形である。それゆえ，「メディア」の訳語として「媒体」が当てられることが多い。「媒体」とは「なかだちするもの」（『大辞林』第3版）であるから，メディアとは人と人との間をなかだちするものであり，より正確にいえば，情報の発信者と情報の受け手——オーディエンスともよばれる——との間をなかだちするものである。

　この定義からわかるように，普段私たちが友だちや家族との連絡に使っている携帯電話の通話やメールも広い意味でのメディアに含まれる。携帯電話のような，おもに個人間の（一対一の）情報のやりとりに使われるメディアは，パーソナルメディアとよばれる。他方，テレビや新聞などは，テレビ局や新聞社という情報発信者が多数の受け手に向けて情報を伝えるものである。こうした，一対多の情報の発信に使われるメディアはマスメディアとよばれる。単に「メディア」とよばれる場合，こうしたマスメディアのみを指すことも多い。

また，メディアは本来媒体を指すものであるが，マスメディアに関しては，情報発信者である企業（たとえば，○○新聞社）と情報の媒体（私たちが目にする「○○新聞」）を切り離して考えることは難しい。それゆえ，テレビ局や新聞社といったメディア企業そのものをメディアと呼ぶこともある。

　マスメディアの中心となるのはテレビと新聞であり，日常的に接触している人の数も，社会への影響力も大きい。ラジオは，若者を中心に聴取者の数が大きく減少しているが，高齢者を中心に一定のオーディエンスを確保している。雑誌は近年発行部数が減少しているが，独自の調査報道などで社会に大きな影響を与えることも多い。これらの4つのメディア——テレビ・新聞・ラジオ・雑誌——は，広告業界などでは「マス四媒体」とよばれ，マスメディアの中核をなすものとみなされている。

　なお，報道機関としてのメディア企業に対しては，公益上の利用から報道の自由が認められている[1]。ただし，テレビ・ラジオといった放送メディアと，新聞・雑誌といった印刷メディアでは，報道の自由が認められる程度が異なっている。放送メディアは有限で貴重な電波帯域を利用しており，また，印刷メディアに比べて影響力が大きい。それゆえ，わが国では放送メディアに対し，①政治的に公平であること，②意見が対立している問題については，できるだけ多くの角度から論点を明らかにすること，などの規制が課せられている（放送法第4条）。他方，印刷メディアに対してはそのような規制はなく，メディアが自社の意見を主張したり，特定の党派的立場に立つことも認められている。

● メディア環境の変化

　現代社会に生きる私たちは，日頃からメディアに囲まれて生活している。こうした，私たちを取り巻くメディアの状況をメディア環境と呼ぶ。私たちをとりまくメディア環境は一定ではなく，技術の発展や社会の変化に伴って，常に変化してきた。特に最近15年ほどの変化はいちじるしく，とりわけ若者をとりまくメディア環境は劇的に変化してきた。

大きな変化のひとつが携帯電話の普及である。1990年代前半からビジネスパーソンを中心に普及が始まった携帯電話の利用者数は，90年代後半から2000年代にかけて大きく増加した。社団法人電気通信事業者協会（TCA）が公表しているデータによると，1996年1月には900万件弱であった携帯電話の契約件数は，2012年12月末時点で1億2900万件に達し，日本の総人口を上回っている。また，総務省の調査によると，携帯電話の普及率は2011年1月時点で75％（0歳～5歳を除く）に達しており，4人に3人が携帯電話を利用している。若者への普及率はこれよりも高く，10歳代（13～19歳）の82％，20歳代では76％が携帯電話を利用している。最近は，より高度な機能をもつスマートフォンが若者たちを中心に広く普及しつつある。

このように携帯電話が広く普及することによって，個人間のコミュニケーションのあり方は大きく変化した。いつでも，どこでも家族や友人と連絡が取れるようになった。携帯メールという新たなコミュニケーション手段が生まれ，写真付きメールや絵文字などの新たな文化が若者を中心に生まれてきた。

第二の変化は，マスメディアと受け手の関係の変化である。具体的には，若者たちの「新聞離れ」「テレビ離れ」の傾向がみられるようになってきた。日本新聞協会の調査によると，新聞を毎日読んでいる人の割合は全体的に減少傾向にあるが，特に10歳代（15～19歳）や20歳代の間で顕著である（図表Ⅵ-1）。最新の調査結果では，新聞を毎日読んでいるのは20歳代ではおよそ4人に1人，10歳代では6人に1人に過ぎない。同じような傾向は，テレビについても確認できる。また，東京大学の橋元良明教授らの調査によると，日本人のテレビの視聴時間は全体的にみて減少傾向にあるが，10歳代や20歳代の間では特に顕著である。1995年から2010年にかけて，1日平均のテレビ視聴時間は，10歳代では184分から113分に，20歳代でもおよそ214分から145分に，大きく減少している（図表Ⅵ-2）。

このような「新聞離れ」「テレビ離れ」と同時に生じているのが，マスメディアに対する批判の高まりである。インターネットの掲示板などでは，「マス

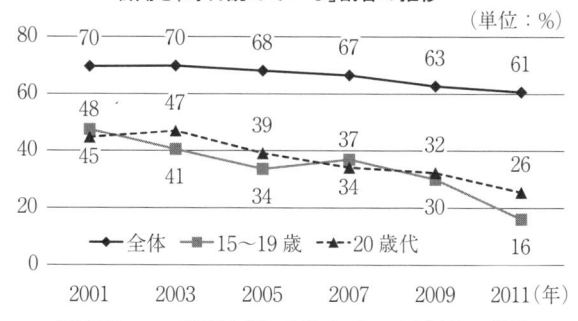

図表Ⅵ-1 新聞を「毎日読んでいる」割合の推移

新聞を「毎日読んでいる」割合の推移 (単位:％)

全体: 70（2001）, 70（2003）, 68（2005）, 67（2007）, 63（2009）, 61（2011）
15～19歳: 48, 47, 34, 37, 30, 16
20歳代: 45, 41, 39, 34, 32, 26

出所）日本新聞協会「全国メディア接触・評価調査」(2001～2011年)

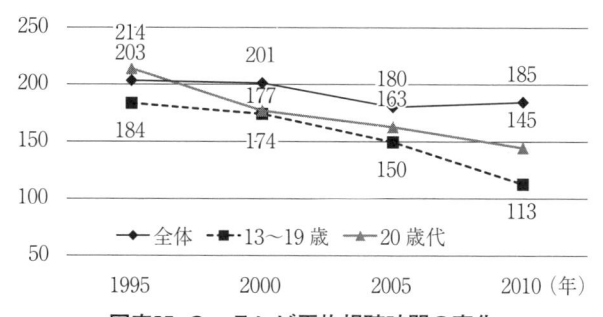

図表Ⅵ-2 テレビ平均視聴時間の変化

テレビ平均視聴時間の変化（分）

全体: 203（1995）, 201（2000）, 180（2005）, 185（2010）
13～19歳: 184, 174, 150, 113
20歳代: 214, 177, 163, 145

出所）東京大学橋元研究室「2010年日本人の情報行動調査」
橋元良明「若年層における情報行動15年間の推移」橋元良明編『日本人の情報行動2010』
東京大学出版会，2011年所収の図表を一部加工。

コミ」を揶揄した「マスゴミ」といった表現もみられる。マスメディアの興味本位の報道姿勢や傍若無人な取材態度，特定の対象に取材が殺到するメディア・スクラム，記者クラブに代表される権力との慣れ合いなどは特に批判の対象となっている。

コラム1 Ⅵ 日本のマスメディア

　日本のマスメディアの第一の特徴は，新聞の発行部数の大きさである。日本で最も発行部数が多い読売新聞の朝刊発行部数は993万部であり，朝日新聞の767万部がこれに次ぐ（2012年上半期平均。日本ABC協会「新聞発行社レポート（半期）」による）。一方，世界的に有名なアメリカのウォールストリート・ジャーナルやニューヨーク・タイムズの発行部数は，それぞれ150万部，72万部に過ぎない（2012年4月〜9月平均。アメリカABC協会のデータによる）。読者層の大きさという点からみれば，日本の新聞（特に全国紙）の影響力は他の先進諸国の新聞と比べてはるかに大きい。

　第二の特徴は，新聞社とテレビ局の密接な関係にある。同一の資本により複数の放送局が支配されることは，表現の多様性を損なうことから望ましくないとして禁止されている（マスメディアの集中排除原則）。しかし，日本では，新聞社を母体とする企業に対してテレビの放送免許が交付された経緯から，各新聞社が大都市や地方のテレビ局を系列化しており，資本関係や人事面のつながりも大きい。

　第三の特徴は，記者クラブの存在である。本来は記者たちが団結して権力に対抗するためのものであったが，フリージャーナリストや海外のメディアを記者会見から排除するなど，次第に排他的な傾向を強めた。また，記者たちが取材対象（官庁や警察など）の発表する情報に依存する傾向もみられ，権力を監視し，真実を明らかにするというジャーナリズムの本来の役割から乖離しているとして批判されている。

● 受け手から発信者へ

　第三の，最も大きな変化はインターネットの普及である。従来企業や大学のみで使われていたインターネットは，1990年代の後半から急速に普及した。当初のインターネット利用はパソコン中心であったが，99年に携帯電話を利用したインターネットサービスが登場して以降，若年層にも広く普及している。

　メディアとしてのインターネットの特徴は，パーソナルメディアとマスメディアの両方の特徴を有していることである。パーソナルメディアとしてのインターネットとは，主に一対一，すなわち個人間の情報交換に使われるもので，

パソコンや携帯電話の電子メールが典型的である。最近では「skype」や「LINE」などの，携帯電話のデータ通信を利用した通話・メールサービスも，若者を中心に多く利用されるようになっている。他方，インターネットは，一対多の情報発信の手段としても使われる。新聞社のニュースサイトやテレビ局の番組サイトはその典型であり，マスメディア企業である新聞社やテレビ局が，従来の媒体である新聞紙やテレビを代替もしくは補完する手段として，インターネットを利用しており，その重要性は年々高まっている。

電子メールや新聞社のウェブサイトは，それぞれパーソナルメディアやマスメディアとしてのインターネットの典型であるが，両者の性質をもちつつも，いずれか一方に分類することが出来ないのがインターネットの特徴である。ブログやSNS（ソーシャル・ネットワーキング・サービス）によって個人の情報発信が容易になったことで，この特徴はより顕著になった。ツイッターやフェイスブックでは，友だちの投稿も，新聞社のニュース速報も，政治家や芸能人の投稿も，同じにタイムラインに並んでいる。このようなメディアを，パーソナルメディアともマスメディアという従来の枠組みで捉えることはむずかしい。それゆえ，最近はブログやSNSなどのインターネットサービスを「ソーシャルメディア」とよぶことも多い。

さらに，インターネットはパーソナルメディアとマスメディアの区別を曖昧にするとともに，両方の分野で既存のメディアに影響を与えてきた。パーソナルメディアの分野では，携帯メールやデータ通信を利用した通話・メールサービスが，従来の通話サービスに変わって個人間のコミュニケーション手段の中心となりつつある。若者たちの間では特にその傾向が強い。マスメディアの分野では，新聞社やポータルサイト（Yahoo! Japanなど）のニュースサイトからニュースを知る人が増加しており，「新聞離れ」や「テレビ離れ」の一因となっている。また，情報源が多様化したことで，私たちはマスメディアの報道内容を相対化することができるようになった。このことは，結果としてマスメディア批判にもつながった。一方，新聞社や出版社は電子新聞を有料化したり，電

子書籍を刊行することで，自社の収入を確保しようとしている。テレビ局も，ニュース番組の画面に視聴者のツイッターの投稿を投稿するなど，インターネットとの連携を強めている。

このように，インターネットの普及は，従来マスメディアの情報の受け手に過ぎなかった多くの市民に情報を発信する手段を与え，結果として多様な情報や意見に触れる機会をもたらした。しかし，このことは必ずしも良い結果をもたらすばかりではない。

第一に，インターネットには多様な情報や意見があふれているが，多くの人たちは自分と同じ意見や考え方にしか触れていないという問題がある。インターネット上では，ある問題点に関して自分と同じ考え方をもつ人をみつけやすく，意見を同じくする人同士で繋がることも容易である（皆さんは，ツイッターで自分と違う意見の人をフォローしているだろうか？）。そうした繋がりの中では，異なる意見をもつ人は排除され，極端な意見に走りやすい傾向がある。アメリカの憲法学者サンスティーン（Sunstein, C.）は著書『インターネットは民主主義の敵か』の中で，このような傾向を「サイバー・カスケード」と名づけた。このサイバー・カスケードの中では，インターネットは多様な意見に触れる装置ではなく，自分の意見を増幅して聞くエコー・チェンバー（エコーを発生させる小部屋）として機能していることになる[2]。

第二の問題は，デマの流通である。自由に情報を発信し，意見の表明が出来ることがインターネットの利点であるが，その結果としてインターネット上に流通する情報にはしばしばデマが含まれる。その内容は，悪意をもって他人の信用をおとしめようとするものもあれば，知識不足や誤解に基づくものもある。デマの発信者からの一次的な到達範囲は小さいとしても，「コピペ」（コピー＆ペースト）や「リツイート」などによって拡散されることで，多くの人の目に触れることになる。

このようなインターネットの利点や欠点を踏まえて，高度情報化社会に生きる私たちはより高度なメディアリテラシーが求められているといえよう。第一

に，ある問題に関してインターネット上で目にする意見は，実は自分の意見を反映した偏ったものである，ということを常に念頭に置いておく必要がある。自分と異なる立場の人の意見にも目を通すことが出来ればなおよい。第二に，デマの発信源にならないのはいうまでもなく，確信のもてない情報は安易に拡散しない，出所不明の情報は容易に信用しない，といった態度が求められる。インターネットは，私たちのもつ可能性を広げるメディアである。だからこそ，それを間違った方向に使うことのないよう，正しいつきあい方をしていかなければならない。

(2) メディアの影響力

● 影響を及ぼすメディアの力

　私たちは，世界について多くのことを知っている。情報通信技術の発達とそれに伴うマスメディアの発展によって，より多くのことを知ることができるようになった。しかし，私たちの頭の中にある世界と，現実の世界は，本当に一致しているのだろうか。言い換えれば，私たちは現実の世界をどれほど正確に認識できているのであろうか。

　この問いかけに対して悲観的な答えを与えたのが，アメリカの著名なジャーナリストだったリップマン（Lippmann, W.）である。私たちは現実を認識するとき，それをありのままに捉えるのではなく，ある種の色眼鏡を通じてみている。この色眼鏡のことを，リップマンは「ステレオタイプ」と呼び，色眼鏡を通じて構築された頭の中の世界を「疑似環境」と名づけた[3]。

　現代社会において，私たちの「疑似環境」の多くはマスメディアによって構築されている。リップマンが主著『世論』を物したのは1920年代のことであるが，それから1世紀近くを経て，私たちの世界におけるメディアの役割は比べようもないほど大きくなっている。とすれば，私たちの認識や意見，あるいは行動は，マスメディアにどれほど影響されているのだろうか。

この問題に対する研究者たちの答えは，時代によって変化してきた。1920年代から40年代にかけて主流であったのは，人びとの意見や行動はメディアによって強く影響されているという考え方である。この時期のメディア研究の中心はプロパガンダの研究であり，第一次世界大戦以降の戦争が総力戦化する中で，国民がいかに戦争に動員されるかという点に焦点が当てられていた。ドイツにおいてヒトラー（Hitler, A.）率いるナチスが巧みなプロパガンダを通じて勢力拡大に成功したことは典型的な事例であり，メディアの影響力に関する強烈なイメージを研究者たちに与えた。この時期の考え方は，「強力効果説」ないしは「即効理論」と呼ばれる。

　1940年代から1960年代にかけては，科学的な世論調査や実験など手法を用いた分析が導入され，メディアの影響がより精緻に検討されるようになった。その結果支配的になったのは，メディアの影響力はかなり限定的である，という考え方である。きっかけとなったのは，アメリカの社会学者ラザーズフェルド（Lazarsfeld, P.）らが行った，1940年の大統領選挙の投票行動の調査である。このとき明らかになったのは，メディアが有権者の投票に及ぼす影響は限定的であり，影響を与えているとしても，既存の投票意図（「○○候補に投票するつもりだ」という考え）を覆すのではなく，強める方向に働いているということであった[4]。この時期の考え方は，「限定効果説」とよばれる。

　その後，1960年代後半以降，限定効果説は再検討を迫られるようになる。その背景のひとつはテレビの普及である。テレビは視覚に訴えるメディアであり，従来の新聞やテレビよりも影響力が強いと考えられた。もうひとつの背景は，メディアの影響力の再定義である。従来は受け手の意見や行動への影響の有無や大きさに焦点を当てられていたのに対し，新しい研究では，受け手の認知（ものの見方，とらえ方）への影響が評価の対象となった。この時期の考え方は中効果モデルとよばれ，現在でもこの考え方が主流である。

● メディアのさまざまな効果

① 議題設定効果

　受け手の認知に注目したモデルのひとつが議題設定効果である。議題設定効果とは、メディアは、私たちの意見や行動に直接影響を及ぼすことはできないが、今何が争点であるのか、つまり、議論されるべき議題は何かという認知には影響を与えることができる、というものである。たとえば、消費税率の引き上げや原子力発電所の是非といった問題に対する私たちの意見を変えたり、次の選挙での投票先を変えたりすることはできないけれど、いま重要な争点は外交政策なのか、経済政策なのか、エネルギー政策なのか、といった認識に対しては影響を及ぼすことができる、ということである。もちろん、政党や市民団体は日頃から様々なアピールを行っている。しかし、政治家の主張であっても、市民団体のデモであっても、メディアに取り上げられることによって初めて私たちは重要な問題だと認識するのである。実際、これまでの研究からは、メディアの報道の量によって市民が重要だと考える問題は変化していることが示されている[5]。

② プライミング効果

　議題設定効果は重要な争点の認知に対する効果であるが、さらに進んで、私たちの判断にまで影響を及ぼすことがある。そのひとつがプライミング効果（誘発効果）である。プライミング効果とは、直前に耳にした情報が後の判断に影響を与えるというものである。たとえば、私たちが、お菓子のテレビコマーシャルの直前に、肥満による成人病が増加しているというニュースをみたとしよう。このとき、私たちはお菓子のコマーシャルをみて、「美味しそうだな」「このお菓子を買おう」と素直に思うだろうか。直前の成人病のニュースが頭をよぎることはないだろうか。もし、成人病のニュースを目にしたことによって（そのようなニュースを目にしなかった場合と比べて）お菓子のコマーシャルに対する反応が変わったとすれば、私たちの判断はメディアに影響されているのである。もちろん、プライミング効果が及ぶのはコマーシャルに対してだけでは

ない。同じニュース番組の中で、あるニュースをみたことによって、その直後のニュースに対する判断が左右されることも起こりうる。

　プライミング効果によって、メディアは政権に対する支持や選挙の投票にも影響を及ぼすことがある。ある時期に近隣諸国との領土問題が集中的に報道されれば、政権を支持するかどうか判断するのに政府の外交能力を重視する人が当分の間は増えるであろう。また、選挙の直前にある社会問題が集中的に報道されれば、投票の判断基準としてその問題を重視する人は増えるであろう。実際、2005年の衆議院総選挙では、郵政民営化問題が集中的に報道された結果、郵政民営化に対する姿勢を投票の判断材料とする人が多くなり、07年の参議院議員選挙では、「消えた年金」問題が多く報道された結果、年金問題を争点として重視する人が増加した。

③ フレーミング効果

　メディアはある出来事や問題を報道するとき、その取り上げ方はメディアによって多様である。どのような角度や出来事や問題が取り上げられるかによって、私たちの認知や判断の仕方も変わってくると考えられている。メディアのフレーミング効果（枠付け効果）と呼ばれるものである。

　たとえば、ニュースが生活保護制度の問題を報道するとき、あるニュース番組は有名人の家族が生活保護を受給していることを報道したり、生活保護受給者が高価な自動車を保有していることに注目するかもしれない。他方、別のニュース番組は長期不況に伴う就職難が生活保護の背景にあることや、生活保護以外のセーフティネットの不備を指摘するかもしれない。どちらのニュース番組を目にするかによって、私たちの生活保護制度に対する考え方は変化しうる。アメリカの政治学者アイエンガー（Iyengar, S.）が行った実験の結果はこのことを証明している。実験参加者の半分に個人のエピソード中心のニュースをみせ、残り半分に社会的背景中心のニュースをみせたところ、前者の参加者は貧困の原因を社会よりも個人に求め、後者の参加者は個人よりも社会に求める傾向がみられた[6]。

④ 沈黙の螺旋効果

　私たちは，新聞社やテレビ局の世論調査などで，争点に対する世の中の「意見の風向き」を知ることができる。それによって，私たちは自分の意見を変えることがある（沈黙の螺旋効果）。ドイツの政治学者ノエル＝ノイマン（Noelle＝Neumann, E.）によると，人は，自分の意見が少数派だと認識すると，多数から孤立することを恐れ，自分の意見を表明することを差し控えるようになるという。逆に，自分の意見が多数派だと認識すると，積極的に意見を表明するようになる[7]。この傾向は，マスメディアが「意見の風向き」を報道することによって増幅され，少数派は（意見の表明を差し控えることで）より一層少数派となってますます沈黙し，多数派は（積極的に意見を表明することで）より一層多数派となってますます声が大きくなる。こうしたプロセスが螺旋状に進行していくことで，最終的には少数派の声が圧倒されてしまう。

　このように，現在のメディア研究者たちは，メディアの影響力は強力効果説が想定するほど大きくはないが，限定効果説が想定するほど限定的でもないと考えている。逆にいえば，マスメディア企業は報道の仕方を工夫することによって，ある程度私たちの認知や意見を左右することができるともいえる。この可能性を過度に捉えて，マスメディアが世論を操作していると批判することも可能である[8]。しかし，ある問題や出来事をありのままに報じることがそもそも不可能である以上，ニュースの取捨選択や取り上げ方に独自性（悪くいえば，偏り）が生じることはやむを得ない。私たちがなすべきことは，メディアをやみくもに批判することではなく，私たちがメディアに影響を受けているかもしれないことを自覚した上で物事を判断し，また，より多くのメディアに接して多様な考え方に触れることが必要だろう。

(3) 若者たちの政治意識

これまでに，若者たちを取り巻くメディア環境の変化と，社会に対する見方や考え方に対してメディアが与える影響についてみてきた。そのような時代に生きる若者たちは，社会，とりわけ政治に対してどのような見方や考え方をしているのだろうか。以下では，現代の若者たちの政治意識について，世論調査や意識調査のデータを中心にみていきたい。

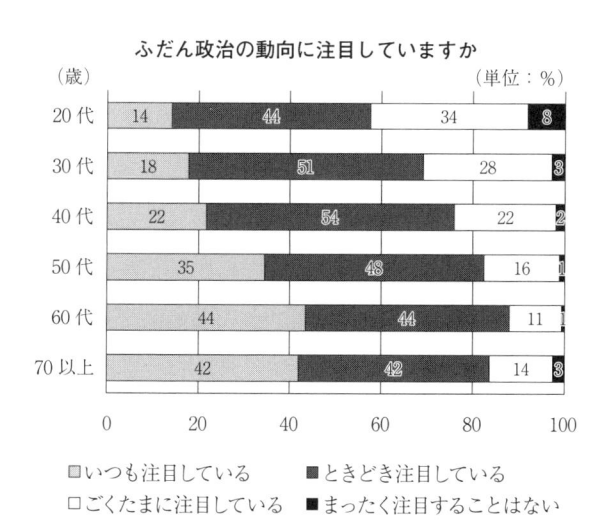

● 政治に対する関心

政治に対する関心は，政治意識の最も基本的な要素のひとつである。図表Ⅵ-3は，「選挙のあるなしに関係なく，つねに政治の動向に注目している人びとがいますが，一方でそれほど関心のない人びともいます。ふだんあなたは，どのくらい政治の動向に注目していますか」という質問に対する回答を，回答者の年代ごとに集計したものである。データは，東京大学谷口研究室と朝日新聞

ふだん政治の動向に注目していますか

年代	いつも注目している	ときどき注目している	ごくたまに注目している	まったく注目することはない
20代	14	44	34	8
30代	18	51	28	3
40代	22	54	22	2
50代	35	48	16	1
60代	44	44	11	1
70以上	42	42	14	3

図表Ⅵ-3 政治に対する関心

出所) 東京大学谷口研究室・朝日新聞共同世論調査 (2009年衆院選調査)

社が 2009 年の衆議院議員総選挙の直後に実施した世論調査（東京大学谷口研究室・朝日新聞社共同世論調査）を用いた[9]。20 歳代を若者とみなすと，若者の半分以上（58％）が「いつも」あるいは「ときどき」政治の動向に注目していることがわかる。他方，まったく注目していない人も 8 ％程度存在する。一方，ほかの世代と比較すると，20 歳代の政治に対する関心はすべての世代の中で最も低い。図表Ⅵ-3 からは，高齢の世代ほど政治に強い関心をもっていることがわかる。このことから，現代の若者たちの政治に対する関心はまだまだ低いといえる。

それでは，現代の若者たちの政治に対する関心は，過去の若者たちと比べて変化しているのであろうか。ここでは，内閣府が 2007 年に実施した「第 8 回世界青年意識調査」の結果に注目したい[10]。「世界青年意識調査」は，1974 年以降定期的に実施されており，過去の若者たちの意識と現代の若者たちの意識を比較することができる。

図表Ⅵ-4 は，「あなたは，今の自国の政治にどのくらい関心がありますか」

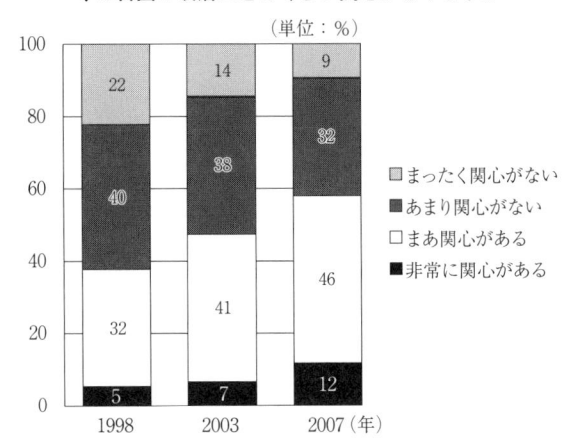

今の自国の政治にどのくらい関心がありますか

（単位：％）

年	非常に関心がある	まあ関心がある	あまり関心がない	まったく関心がない
1998	5	32	40	22
2003	7	41	38	14
2007	12	46	32	9

図表Ⅵ-4　政治に対する関心（時系列比較）

出所）「第 8 回　世界青年意識調査」
同調査報告書掲載のグラフを一部修正。

という質問に対する若者たち（ここでは19〜24歳を対象にしている）の回答を，過去２回の調査結果と比較したものである。政治に対する関心は，過去の調査と比べて明らかに高くなっていることがわかる。過去10年程度のスパンではあるが，現代の若者たちは前の世代と比べて政治に関心をもっているのである。

なお，この２つの結果からは，現代の若者が上の世代と比べて政治に関心をもっていないのは，世代によるものではなく，単に「若い」ことによる影響であることが推測できる。現在の若者と比べて政治に対する関心が低かった昔の若者が，年をとって政治に関心をもつようになっているのであるから，政治関心の低い現在の若者たちも，これから仕事や育児，あるいは地域社会との関わりの中で政治の重要性を理解し，関心をもつようになるのだろう。

● **政治に対する評価**

現代の日本の政治は，若者たちの目にはどのように映っているのであろうか。ここでは，政治的信頼と政治的有効性感覚という２つの側面から，若者たちの

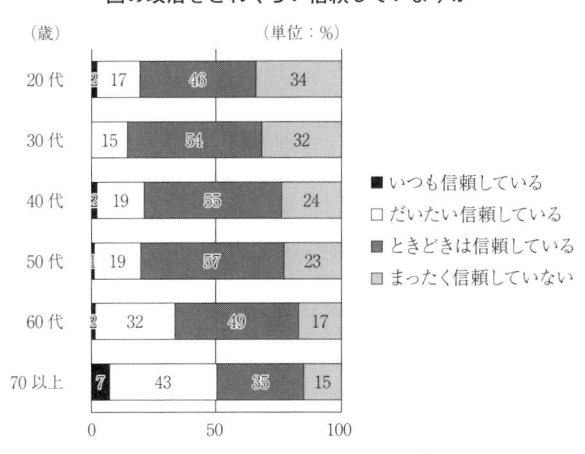

国の政治をどれくらい信頼していますか

年代	いつも信頼している	だいたい信頼している	ときどきは信頼している	まったく信頼していない
20代	2	17	46	34
30代		15	54	32
40代	2	19	55	24
50代	1	19	57	23
60代	2	32	49	17
70以上	7	43	35	15

図表Ⅵ-5　政治に対する信頼

出所）東京大学谷口研究室・朝日新聞共同世論調査（2009年衆院選調査）

政治に対する評価に注目したい。

図表Ⅵ-5は、「あなたは国の政治をどれくらい信頼していますか」という質問に対する回答を集計したものである。図からわかるように、政治に対する信頼は概して低い。20歳代の若者のうちで、国の政治を「いつも」あるいは「だいたい」信頼している割合は20%に満たない。他方で、「まったく信頼していない」という回答も3人に1人を超えている。ほかの世代と比較すると、20歳代〜50歳代の間では概して国の政治に対する信頼は低い。一方、60歳以上の世代では、上の世代ほど国の政治を信頼する傾向がみられる。

また、上の質問に対する回答は、現実の政治家や政党に対する信頼を多分に反映していると考えられるが、こうした信頼とは別の次元のものとして、民主主義のシステムに対する信頼も存在する。民主主義のシステムの骨格をなすのが選挙という仕組みであるから、選挙というシステムに対する評価は民主主義のシステムに対する信頼と考えることができよう。ここでは、「あなたは、選挙によって、人々の声を政府の施策に反映できると思いますか」という質問に

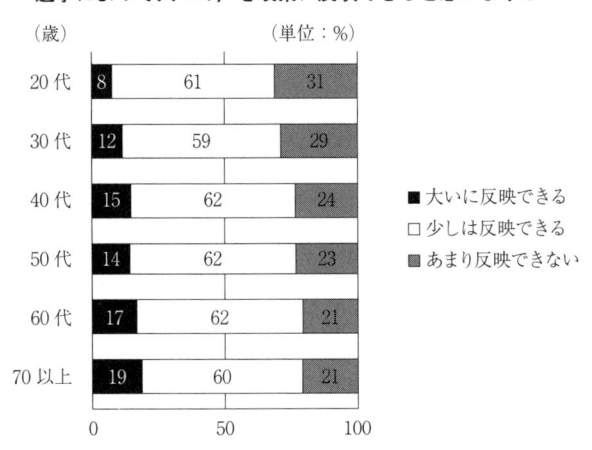

選挙によって人々の声を政策に反映できると思いますか

(歳)　　　　　　　　　　(単位：%)

年代	大いに反映できる	少しは反映できる	あまり反映できない
20代	8	61	31
30代	12	59	29
40代	15	62	24
50代	14	62	23
60代	17	62	21
70以上	19	60	21

図表Ⅵ-6　民主主義システムに対する信頼

出所) 東京大学谷口研究室・朝日新聞共同世論調査 (2009年衆院選調査)

コラム2　Ⅵ　世論調査の現状と課題

　本章では若者たちの政治意識をとりあげたが，このように人々の意識や考え方を知るときに有用なのが世論調査である。多くの場合，世論調査の調査対象者の数は数百～数千であるが，対象者が国民全体から無作為に（＝すべての国民が同じ確率で選ばれるように）抽出されていれば，国民全体の意見の分布を統計学的に推測できる。

　世論調査の方法には，面接・郵送・電話・インターネットなどがあり，それぞれに長所と短所がある。最近の世論調査で多用されているのは，RDD（Random Digit Dialing）という手法を用いた電話調査である。RDDとは文字通りランダムに発生させた電話番号に電話をかける手法である。ランダムに電話をかけることによって世帯を無作為に抽出した後，世帯内で個人を無作為に選び出す（電話を受けた人が回答するわけではないことに注意）。このRDD法の導入によって世論調査の実施にかかる時間と費用は大幅に低減し，それに伴って調査の頻度も増加した。

　RDDは固定電話のみを対象とするため，若者を中心に増加している携帯電話のみの世帯を補足することができない。それゆえ，RDDによる世論調査は回答（者）が偏っているという批判がある。しかし，2009年9月と2010年10月に毎日新聞が行った調査によると，固定電話非保持者の割合は，20代に限れば17％を占めるが，全世帯を対象にすれば5％に過ぎない。固定電話保持者と非保持者の間の意見の違いも，年齢の違いをコントロールすれば，ほとんど見られない（福田昌史「世論調査『固定電話対象』は正確か」毎日新聞2010年11月26日）。それゆえ，RDDによって回答が偏っているという批判は，現在のところは当てはまらないか，偏っていたとしても統計的に補正可能なレベルである。しかし，携帯電話のみの世帯は今後も増加すると予想されることから，将来的には新たな調査法の開発・導入が必要となるだろう。

対する回答に注目する。図表Ⅵ-6からわかるように，選挙による民主主義は機能していると考える割合は概して高い。20歳代の若者に注目しても，7割弱が選挙によって人びとの声を「大いに」あるいは「少しは」反映できると考えている。ほかの世代と比較すると，やはり上の世代ほど選挙による民主主義は機能していると考える傾向がみられる。

政治に対する評価のもうひとつの側面は，自分の意見が政治においてどの程度反映されているか，という実感である。これは，政治的有効性感覚と呼ばれるものである。政治的有効性感覚が低くなれば，自然と政治から遠ざかるようになり，一国の中でそのような人が増えれば，その国の民主主義は内実を伴わないものとなる。ここでは「自分のような人々には政府を左右する力はない」という質問に対する回答に注目したい。図表Ⅵ-6は，世代別の集計結果である。20歳代の若者では「自分のような人々には政府を左右する力はない」という意見に賛成する人が，「どちらかといえば賛成」も含めて半数近くに達しており，政治的有効性感覚の低い若者が多いことがわかる。ほかの世代と比較すると，年齢が高くなるほど政治的有効性感覚も高くなる傾向が認められる。

このように，若者たちは上の世代と比べ，政治に対する関心が低く，政治に対する不信も強く（ただし，民主主義のシステムに対しては一定程度信頼している），また政治的有効性感覚も低い。一方，過去の若者たちと比べると，政治的関心は高まっており，今の若者たちも，今後社会でさまざまな経験を積むにつれ，政治に対する関心を高めていくだろう。

参考文献

藤竹暁『図説　日本のメディア』NHK出版，2012年
津田大介『ウェブで政治を動かす！』朝日新聞出版，2012年
橋元良明『メディアと日本人——変わりゆく日常』岩波書店，2011年
蒲島郁夫・竹下俊郎・芹川洋一『メディアと政治（改訂版）』有斐閣，2010年
財団法人明るい選挙推進協会『若い有権者の意識調査　（第3回）調査結果の概要』
　2010年
佐々木毅監修・高木文哉ほか著『政治を考えたいあなたへの80問：朝日新聞3000人世論調査から』朝日新聞出版，2007年

注

1) 報道の自由は，憲法によって明示的に保証されている権利ではないが，国民の「知る権利」(21条) を満たすために不可欠なものとして，報道機関には報道の

自由が認められている。
2) キャス・サンスティーン（石川幸憲訳）『インターネットは民主主義の敵か Republic.com』毎日新聞社, 2003 年
3) ウォルター・リップマン（掛川トミ子訳）『世論（上・下）』岩波書店, 1987 年
4) ラザーズフェルド P. F., バーナード, B. ベレルソン（有吉広介訳）『ピープルズ・チョイス――アメリカ人と大統領選挙』芦書房, 1987 年
5) 竹下俊郎『メディアの議題設定機能――マスコミ効果研究による理論と実証（増補版）』学文社, 2008 年
6) シャント・アイエンガー「テレビニュースは国内問題を市民にどう教えているか」ドリス・グレーバー編（佐藤雅彦訳）『メディア仕掛けの政治――現代アメリカ流選挙とプロパガンダの解剖』現代書館, 1996 年, 154-173 頁
7) エリザベート・ノエル゠ノイマン（池田謙一・安野智子訳）『沈黙の螺旋理論――世論形成過程の社会心理学（改訂版）』ブレーン出版, 1997 年
8) こうした批判をする人たちは, しばしば, 自分はメディアの影響を受けていないが, 他人は受けている（から何らかの規制が必要だ）と考えている。これはメディアの第三者効果と呼ばれるものである。
9) データは, 東京大学谷口研究室のホームページ（http://www.masaki.j.u-tokyo.ac.jp/ats/atsindex.html）で公開されており, 学術目的であれば自由に利用できる。
10) 調査の報告書は, 内閣府のホームページ
  （http://www8.cao.go.jp/youth/kenkyu.htm）で閲覧できる。

VII 若者たちのライフスタイルと健康リスク

(1) 健康リスクとは
——わが国の三大死因と生活習慣病

　日本は世界に名だたる長寿国である。2010年のわが国の平均寿命は男性で79.6歳，女性で86.4歳であり，平均寿命が延伸している先進国の中でも抜きんでている。世界的な長寿国である日本で，人びとはどのような原因で亡くなっているのだろうか。図表Ⅶ-1には，1989年から2011年までの，わが国の

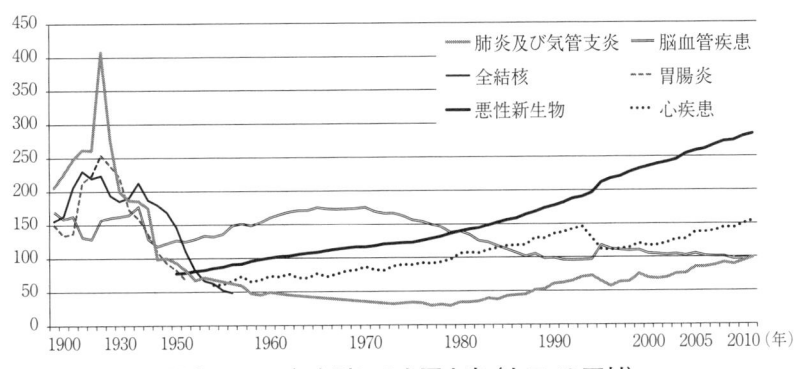

図表Ⅶ-1　年次別にみた死亡率（人口10万対）

注）上位5位の死亡数の死因（5年度以上）のうち「老衰」と「不慮の事故」を除く死因を示す。
出所）「平成23年度人口動態調査」をもとに作成

主要な死因で亡くなった人数を示している。1950年までは，結核や肺炎などの感染症や胃腸炎で亡くなる人が多かった。これは，まだ日本が貧しく，人びとの栄養状態や衛生状態も不十分であったためにさまざまな感染症に罹患するリスクが高かったためと考えられる。しかし，日本の経済が飛躍的に発展した20世紀後半以降はこれらの疾病で亡くなる人は減り，悪性新生物（がん），心不全など心臓の疾患（心疾患），脳血管疾患が三大死因として死亡総数の半数以上を占めるようになった。これらの疾患で亡くなる人は増加傾向にあり，その治療方法と同時に予防に対しても人びとの関心が集まっている。がん，心疾患，脳血管疾患はライフスタイルが罹患に強く関連する「生活習慣病」であり，喫煙や飲酒，運動習慣などのライフスタイルを改善することで罹患リスクを低下させることができるとされる。したがって，中・高年期を健康に過ごすためには，青年期に健康的なライフスタイルを確立することが重要である。そこで，本章では，健康リスクとの関連性に焦点を当て，青年期のライフスタイルを概観したい。

(2) 健康に無関心な若者たち

　日本私立大学連盟（2011）が2010年の秋に全国122の私立大学で実施した調査をまとめた『私立大学　学生生活白書2011』によると，大学生が関心をもって行っている活動は「大学の勉強」(22.9％)，「クラブ・サークル活動」(21.9％)，「資格の取得」(20.4％)が主流であり，「美容・健康・ファッション」(8.4％)ははるかに少ない。大学生の関心は，将来の自己実現に向けて能力を高めることや趣味を深めることにあり，健康に対する関心は低いようである。また，「美容・健康・ファッション」に関心のある大学生の割合は，2002年や06年の全国私大連盟の調査と比べて3％ほど減少しており，近年特に健康への関心が低下していることが示唆されている。
　健康に対する関心は薄い一方，若者は，健康と密接な関連をもつ体型につい

ては強い関心をもっている。厚生労働省が行った「平成20年　国民健康・栄養調査」をみると，「現在よりも体重を減らしたい」と考えている人は，20歳代の男性で31.8％，女性で55.8％いる。しかし，20歳代で肥満度（Body Mass Index: BMI）が18.5を下回っている「やせ」者は男性で9.6％，女性で22.5％と他の世代に比べて多く，若い女性では体重を減らす必要のない人が多い。体重コントロールを心がける理由は，全世代の男性，ならびに，40歳代以降の女性では，「健康のため」と回答する人が多い。これらの人びとは，体型と健康を関連づけて意識しているといえる。しかし，20歳代の女性では，「きれいでありたいから」が51.0％と過半数を占めており，ここでも若い女性が健康についてあまり関心をもっていないことが示されている。

(3) 若者たちのライフスタイル
——運動，飲酒，喫煙

● 若者たちの運動離れ

生活習慣病の予防には，適度な運動を習慣的に行うことが大切である。では，若者はどれくらい運動をしているだろうか。厚生労働省が2010年に行った「平成22年　国民健康・栄養調査」では，運動習慣を含む生活習慣が尋ねられている。図表Ⅶ-2に示すように，週1回以上運動をする人の割合は，20歳代の

図表Ⅶ-2　週1回以上の運動習慣がある人の割合（％）

	総数	20～29歳	30～39歳	40～49歳	50～59歳	60～69歳	70歳以上
全体	31.2 (4,621)	18.7 (284)	19.7 (594)	16.8 (596)	28.8 (780)	40.3 (1,156)	39.7 (1,211)
男性	34.8 (1,963)	28.6 (126)	24.8 (218)	19.4 (237)	26.2 (324)	42.6 (531)	45 (527)
女性	28.5 (2,658)	10.8 (158)	16.8 (376)	15 (359)	30.7 (456)	38.4 (625)	35.7 (684)

注）（カッコ）内の数値は属性ごとの総数を示す。
出所）「平成22年国民健康・栄養調査」をもとに著者が作成

男性では比較的高いが、体型を気にする傾向の強い20歳代の女性では低い。

　永山貞則・勝浦正樹・衛藤英達（2010）は、総務省が実施している「社会生活基本調査」のデータを利用し、1986年から2006年までの期間に余暇活動でスポーツを行った者の割合を性・年齢別に算出している。結果から、永山ら（2010）は、余暇活動でスポーツを行う20歳代の若者が年を追って減少しており、男女ともに若者のスポーツ離れが進んでいることを指摘している。余暇活動としてスポーツを行う人が減少している背景には、パソコンや携帯電話などの電子機器の急速な普及があるだろう。内閣府の「消費者動向調査」によると、日本では、1975年にカラーテレビの世帯普及率が90％を超え、テレビが生活必需品としての地位を占めるようになった。テレビの普及に伴い爆発的に流行したテレビゲームは、1990年代には、子ども向けの玩具としてではなく、広い世代で楽しまれる余暇活動として認知されるようになった。96年から2011年に総務省が実施した4回の「社会生活基本調査」をみると、若い世代ほどテレビゲームを行っている割合が高いことがわかる。テレビゲームを行う若者たちは年々増加しており、特に男性では、2011年には、音楽鑑賞や映画鑑賞といった「王道」ともいえる余暇活動よりもテレビゲームを行う人が多くなっている（図表Ⅶ-3）。また、総務省が行った「通信利用動向調査」をみると、パソ

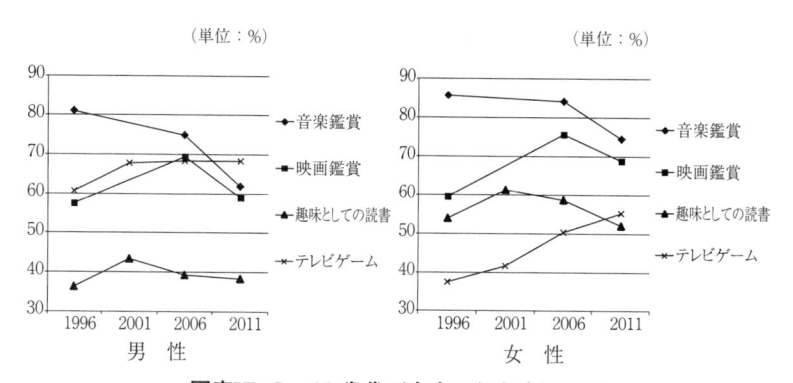

図表Ⅶ-3　20歳代が自宅で行う余暇活動

出所）「社会生活基本調査」（1996年～2011年）をもとに作成

コンがある世帯は 2001 年には 58.0％であったが，11 年には 77.4％に増加している。特に，20 歳代の若者では，61.2％から 85.2％に増加しており，大多数の若者が自宅でパソコンを使用するようになっている。テレビゲームやパソコンなどの電子機器を用いた活動が一般化し，屋内で行う余暇活動が増加することで，今後，若者たちの運動離れはますます加速することが予想される。

● お酒をたくさん飲む若者たち

　適度な量のお酒を飲むことで，人はリラックスし，心の負担が軽くなったように感じる。また，お酒の場を共有することで打ち解けた気分になり，人との距離が近くなったように感じることもあるだろう。しかし，前述のように，飲酒は生活習慣病に罹患する確率を高める健康リスクであり，そのつき合い方には注意が必要である。

　「平成 22 年　国民健康・栄養調査」によると，最近の日本の成人で飲酒をする人は，男性で 68.4％，女性で 34.5％であり，女性に比べ，多くの男性が飲酒を嗜む傾向にある。国立精神・神経センター精神保健研究所の和田清・嶋根卓也・小堀栄子が 2011 年に行った「飲酒・喫煙・くすりの使用についてのアンケート調査」(薬物使用に関する全国住民調査)によると，初めてお酒を経験した年齢が 20 歳未満であった人は飲酒経験者のうち 74.9％（男性で 83.1％，女性で 67.4％）であり，大学に入学する年齢に相当する 18 歳から 19 歳までがもっとも多い。また，「平成 22 年　国民健康・栄養調査」のデータでは，他の年代に比べ，20 歳代の男女で週 3 日以上お酒を飲む人の割合は少なく，若者がお酒を飲む機会をあまりもっていないことが示されている (図表Ⅶ-4)。しかし，お酒を飲む日の 1 日当たりの飲酒量をみると，他の年代に比べ，20 歳代の若者が約 60 g のアルコールを摂取する「大量飲酒」を行う割合は高い (図表Ⅶ-5)。すなわち，若者たちの飲酒スタイルは，日常的に軽く晩酌をするというよりも，仲間うちでの飲み会など非日常的な機会にたくさんお酒を飲むものであるといえる。このことを裏づけるように，クラブやサークルなど仲間うちでの飲み会

図表Ⅶ-4　週3日以上飲酒する人の割合（％）

	20〜29歳	30〜39歳	40〜49歳	50〜59歳	60〜69歳	70歳以上
男　性	18.4	39.8	51.0	55.7	61.7	47.6
女　性	6.1	17.9	21.5	18.7	13.8	7.5

出所）「平成22年国民健康・栄養調査」をもとに作成

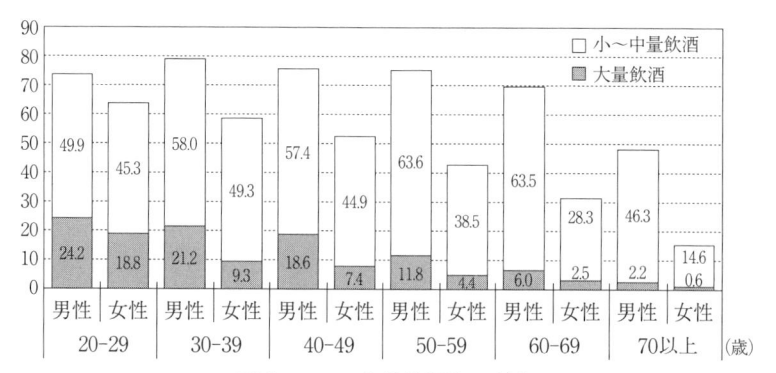

図表Ⅶ-5　大量飲酒者の割合

注）清酒1合をアルコール20gと換算しアルコール20〜60gを「小〜中量飲酒」，アルコール60g以上を「大量飲酒」とした。
出所）「平成22年国民健康・栄養調査」をもとに作成

で大学生が大量飲酒による急性アルコール中毒に罹患する事件がしばしば起こっており，若者の飲酒をめぐる大きな問題のひとつとなっている。また，2003年から10年までの「国民健康・栄養調査」をみると，大量飲酒を行う20歳代の若者たちの割合は緩やかに増加している。それゆえ，若者たちの大量飲酒に関わる要因を明らかにし，予防プログラムを開発することは非常に重要な課題とされている。

● たばこを吸わない若者たち

喫煙もまた生活習慣病に罹患する確率を高める健康リスクのひとつである。「平成22年　国民健康・栄養調査」によると，現在習慣的に喫煙をしている人は，他の年代に比べ，若者では比較的少ない（図表Ⅶ-6）。しかし，習慣的喫

VII 若者たちのライフスタイルと健康リスク

図表VII-6 現在喫煙している人の割合（%）

	全体	20〜29歳	30〜39歳	40〜49歳	50〜59歳	60〜69歳	70歳以上
男 性	32.2 (3,664)	34.2 (354)	42.1 (560)	42.4 (564)	40.3 (603)	27.4 (800)	15.6 (783)
女 性	8.4 (4,202)	12.8 (376)	14.2 (618)	13.6 (616)	10.4 (684)	4.5 (897)	2.0 (1,011)

注)（カッコ）内は属性ごとの母数を示す。
出所)「平成22年国民健康・栄養調査」をもとに作成

煙者のうち毎日喫煙している人は20歳代の男性で86.8%，女性で93.8%であり，他の年代と同様，喫煙には強い常習性があることが伺える。さらに，たばこを1日1箱（20本）以上吸っている者は，20歳代男性で5.4%，女性で6.8%であり，女性の方が大量喫煙者の割合が高い。

「平成22年 国民健康・栄養調査」をみると，男性喫煙者の56.7%，女性喫煙者の54.2%が，法的に喫煙が認められている20歳以降に喫煙を開始している。しかしながら，男性喫煙者の33.9%，女性喫煙者の29.2%は法的に制限されている20歳未満に喫煙を開始しており，その割合は決して少なくない。体が成熟していない未成年期に喫煙を開始した場合には，成人後に喫煙を開始した場合に比べてがんなどの疾患に罹患する危険がより高くなる。たとえば，平山雄(1987)は，1966年から82年まで行った大規模コホート研究から，20歳未満で喫煙を開始した場合の肺がんでの死亡率は，非喫煙者に比べて5.5倍と高いことを報告している。また，厚生労働省(1999)は，「平成10年度 喫煙と健康問題に関する実態調査」の中で，20歳代や30歳代で喫煙を開始した人に比べ，10歳代で喫煙を開始した人はニコチン依存度が高く，禁煙が困難であることを指摘している。

厚生労働省が発表している「最新たばこ情報」で1989年から2010年までの喫煙率の推移をみると，男性では喫煙率が全体に低下している（図表VII-7）。これは，近年，喫煙の有害性が広く啓発されるようになり，小学校や中学校でも喫煙防止教育が積極的に行われるようになったことや，10年にはたばこ税

図表Ⅶ-7　喫煙率の経年変化

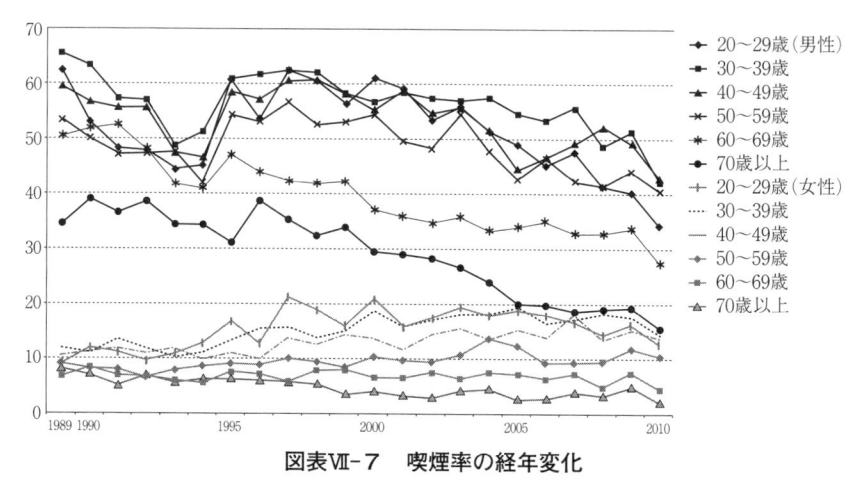

出所）厚生労働省「最新たばこ情報　成人喫煙率（厚生労働省国民健康栄養調査）」
　　　(http://www.health-net.or.jp/tobacco/product/pd100000.html)

が増税され，1箱およそ100円の値上げが行われたことが影響を与えていると考えられる。しかしながら，一方で，20歳代の女性では喫煙率が上昇している。この背景には，女性の社会進出が増加する中で，ストレス解消法のひとつとして，また，伝統的な女性観を打ち破るための自己呈示方法としてたばこが用いられている可能性が指摘されている（渡辺紀子・松本美保，1998）。今後は，男性に比べて喫煙率は低いものの，喫煙防止教育やたばこ増税で十分に抑制できていない女性の喫煙メカニズムを明らかにし，それぞれの性別の特徴に応じた喫煙防止・禁煙プログラムの開発をめざすことが必要である。

（4）おわりに

　本章では，若者たちのライフスタイルと健康リスクについて紹介した。この数十年間，日本の主な死因は生活習慣病で占められており，運動習慣を増加し，飲酒量や喫煙量を低下させることが健康に長生きするためには必要であることが指摘されている。しかしながら，若者たちの中には運動をほとんどしない，

大量のお酒を飲む，たばこを吸うなど，健康リスクの高いライフスタイルをおくる人も少なくない。私たちの行動はひとたび習慣化すると，強い意思をもっていてもその行為を止めることは難しくなる（アーツ＆デイクステルホイス（Aarts & Dijksterhuis），2000）。とくに，飲酒や喫煙は，アルコールやニコチンなどの薬物に対する化学的な中毒により強い依存性をもつことが知られている。若い間は将来の健康よりも外見の美しさやその時々の楽しさを重視しがちであるが，若いころの不摂生は将来的な健康リスクを高める可能性がある。飲酒，喫煙，運動習慣などのライフスタイルを見直し，長い目で人生を楽しむ心得が必要であろう。

引用・参考文献 ……………………
日本私立大学連盟『学生生活白書2011』2011年
永山貞則・勝浦正樹・衛藤英達『「ワーク・ライフ・バランス」と日本人の生活行動』財団法人日本統計協会，2010年，p.58
和田清・嶋根卓也・小堀栄子「飲酒・喫煙・薬の使用についてのアンケート調査（通称：薬物使用に関する全国住民調査）(2011年)」『平成23年度厚生労働科学研究費補助金（医薬品・医療機器等レギュラトリーサイエンス総合研究事業）分担研究報告書』2001年
Aarts, H. & Dijksterhuis, A., The automatic activation of goal-directed behavior: The case of travel habit, *Journal of Environmental Psychology*, Vol.20, 2000, pp. 75-82
渡辺紀子・松本美保「女子学生の喫煙に関する保健意識の動向」『鹿児島大学教育学部研究紀要自然科学編』1998年，49巻，pp.65-73
平山雄『予防がん学，その新しい展開』1987年，メディサイエンス社

コラム1 VII お酒の量と健康の関係

　厚生労働省では「21世紀における国民健康づくり運動」(健康日本21)として，アルコール，たばこ，身体活動・運動などの項目についての正しい知識を発信し，国民の健康意識を高める施策を行っている。たとえば飲酒について，「健康日本21」では，1日に平均約20g程度未満のアルコール摂取を「節度ある適度な飲酒」として推奨している。表に示す主な酒類のアルコール量をみるとわかるように，大学生をはじめとする若者たちが飲み会で飲酒する量に比べ，アルコール約20gに相当する酒量ははるかに少ない。アルコールを大量に摂取することは，急性アルコール中毒のような短期的な健康被害だけではなく，アルコール依存症などの長期的な健康被害を引き起こす可能性がある。アルコール依存症は，自らの意思で飲酒のコントロールができなくなる薬物依存症であり，大切にしてきた人間関係やそれまでに培った社会的な立場を失いかねない重篤な精神疾患である。アルコール依存症の根本的な治療法は現在のところなく，アルコールとの縁を切る断酒しかない。断酒をして長期間経過した元アルコール依存症者であっても，たった一口お酒を飲んだだけで以前の状態に逆戻りしてしまうため，断酒はアルコールの誘惑を一生拒み続ける強い精神力を要する。冠婚葬祭をはじめさまざまな場面でお酒を酌み交わすことの多いわが国で，アルコール依存症者が一生涯断酒を続けるためには，周囲の理解と支援が必要不可欠である。

主な酒類のアルコール量

お酒の種類	ビール (中瓶1本 500ml)	清酒 (1合180ml)	ウイスキー・ ブランデー (ダブル60ml)	焼酎(35度) (1合180ml)	ワイン (1杯120ml)
アルコール度数	5%	15%	43%	35%	12%
純アルコール量	20 g	22 g	20 g	50 g	12 g

出所)厚生労働省「健康日本21(アルコール)」
(http://www1.mhlw.go.jp/topics/kenko21_11/b5.html#A53)

コラム2 Ⅶ リスク・テイキング行動のメカニズム

　飲酒や喫煙はリスク・テイキング行動と呼ばれる。リスク・テイキング行動には，刺激希求という性格特性，自己コントロール能力，友人の行動などが関連している。刺激希求は，新しくて奇抜な，強い刺激を求める傾向であり，一般的に，女性に比べて男性のほうが，中高年に比べて若者のほうが，その傾向が強い。また，自己コントロール能力は，すぐに満足を手に入れたいと思う衝動性を抑制する能力である。自己コントロール能力が低い人は将来の満足よりも現在の満足を重要視するために，極端な場合，3日後に手に入る1万円よりも，今日すぐに手に入る3千円の価値を重く評価する。自己コントロール能力は脳の成熟と密接な関連があるため，脳が未成熟な若者では一般的に自己コントロール能力は低いとされる。さらに，若者たちは，他者のなかでもとりわけ友人の行動に影響を受け，リスク・テイキング行動を行う。すなわち，友人の間で共有されたリスク・テイキング行動に対する規範に同調した行動を行うのである。したがって，飲酒や喫煙に寛容な態度の友人が多い若者は，その雰囲気に影響を受け，飲酒や喫煙を行いやすくなる。近年，飲酒や喫煙など種々のリスク・テイキング行動に対する予防プログラムを開発するため，心理学や医学，経済学などの研究領域で，これらの要因の個人差に着目した研究が進められている。

VIII
若者たちの将来不安と幸福感

(1) はじめに——若者たちは幸福か

　現代社会に生きる若者たちは幸福なのだろうか。経済的な指標だけをみれば，日本の若者は恵まれた存在であるともいえる。国の経済力水準を表す代表的な指標である1人当たりの国内総生産（GDP）をみると，アメリカなどの欧米諸国と並んで上位に位置しており，全般的な生活水準は高いといえるだろう。

　また，生活に対する満足度も決して低くない。古市憲寿（2011）は，内閣府による「国民生活に関する世論調査」の結果をもとに，20歳代の若者たちの生活満足度は他の世代より高いと指摘している。また，20歳代の若者で「満足」と回答する人の割合は，1970年代は50％程度にとどまっていたが，90年代後半からは70％前後で推移しており，過去の20歳代と比べても高い水準にあると指摘している[1]。

　しかしながら，一方で，現状に対する不安感は強いとも指摘されている。古市（2011）によれば，「国民生活に関する世論調査」において，日頃の生活の中で「悩みや不安がある」と答えた20歳代の割合は，1980年代後半には4割を切る水準にあったものの，バブルが終わった90年代前半から上昇し，2008年には67.3％に達しているのである。このように現在の若者たちは，日常の生活に満足しながらも，同時に不安を抱えているといえるだろう。

こうした若者たちの不安は、どのような要因によって生み出されているのだろうか。真っ先に思いつくのは、日本の経済の長期低迷、およびそれに伴う雇用状況の悪化による影響である。

実際、若年層の雇用・就職状況に関する各種のデータは、こうした不安を裏づけるものとなっている。リクルートワークスの「大卒有効求人倍率調査」によると、バブル経済崩壊後の1993年卒の学生から2007年卒に至るまで、大卒の求人倍率は長らく2倍を下回る状態が続いており、「就職氷河期」と呼ばれることになった。08年卒、09年卒の採用において、一時的に求人倍率は回復したものの、リーマンショックによる景気低迷の影響を受け、10年卒以降、再び求人倍率は落ち込んでいる状況である。

また、総務省による「労働力調査」によると、1990年時点において、25〜34歳の世代に占める非正規雇用者の割合は、女性の場合でおよそ3割弱であり、男性の場合は3％程度に留まっていた。しかしながら、2011年現在、男性の約15％、女性の約40％が非正規雇用で働くような状態となっている。

このように、日本経済が長期にわたって低迷し、若年層の雇用が不安定化する中で、若者たちが将来に対する希望を失っているとの指摘も多い。たとえば、山田昌弘（2004）は、「リスク」が普遍化し将来の生活が見通せない状況、「勝ち組」と「負け組」に二極化した状況が人びとの意識を不安定にし、希望格差を生むと指摘している。

本章では、若者たちの「幸福」、および「将来不安」の状況を、JGSS（日本版総合的社会調査）[2]の結果から、描き出していくことにしたい。

（2）若者たちの生活意識 ── 幸福感、生活満足度

若者たちは、自らの生活について、どれほど幸福だと考えているのだろうか。JGSSには、「あなたは、現在幸せですか」という質問があり、全般的な幸福感を尋ねているので、この質問に対する回答結果を確認してみることにしよう（図

表Ⅷ-1)。

回答は「幸せ(5点)」～「不幸せ(1点)」までの5段階でなされており，点数が高い方が幸せだということを意味している。年代ごとに幸福感の平均値を比較してみると，70歳代及び80歳代で値が高くなっており，高齢者層の幸福感が高いという結果が確認される。しかしながら，その一方で，もっとも幸福感が低いのは40歳代，50歳代，60歳代の中高年層であり，決して20歳代，30歳代の若年層の幸福感が低いというわけではない。

図表Ⅷ-1　年齢別の幸福感

年齢	平均値	度数	標準偏差
20〜29	3.820	1873	0.952
30〜39	3.883	2522	0.944
40〜49	3.811	2725	0.937
50〜59	3.801	3526	0.948
60〜69	3.810	3209	0.956
70〜79	3.934	2206	0.967
80〜89	4.037	645	0.973
合　　計	3.846	16706	0.953

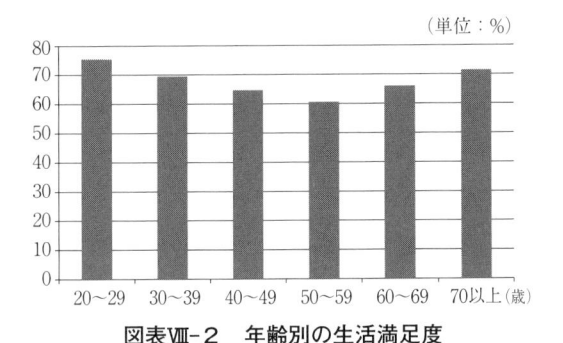

図表Ⅷ-2　年齢別の生活満足度

出所)総務省「国民生活に関する世論調査(平成24年6月調査)」

こうした傾向は，JGSSだけでなく，他の社会調査でも確認されている。たとえば，すでに述べたように，内閣府の「国民生活に関する世論調査」によると，20歳代の若者の生活満足度は他の世代より高い。2012年調査の結果をみると，20歳代の75.4％が現在の生活に対して「満足している」，「まあ満足している」と答えており，他のどの世代よりも高い割合を示している。次いで高いのは70歳代で71.4％，もっとも低いのは50歳代で60.6％となっており，全体としてみると，両端の世代で満足度が高く，中央の世代で低いU字型の分布を示しているといえるだろう(図表Ⅷ-2)。

それでは，20歳代の若年層に限ると，そのなかでどのような傾向がみられ

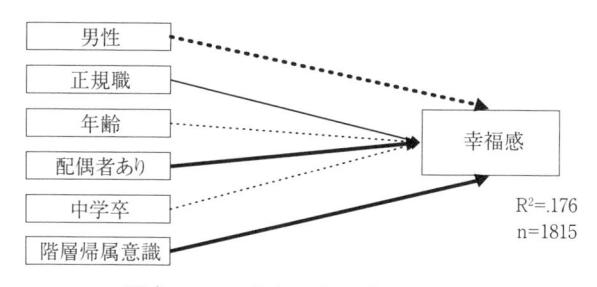

図表Ⅷ-3　若者の幸福感の規定要因

$R^2=.176$
$n=1815$

注）線の太さが関係の強さを，また実線は正の，点線は負の関係をあらわす。
JGSS-2000 から JGSS-2008 までの累積データの分析結果

るのだろうか。性別，学歴，職業，婚姻状況などの属性によって，幸福感は異なるのだろうか。以下では，重回帰分析という手法を用い，どのような人びとの幸福感が高く，また逆に，どのような人びとの幸福感が低くなっているのかを確かめてみることにしよう。

分析の結果を図表Ⅷ-3に示している。図中の実線は正の関係を，点線は負の関係を示しており，線の太さが関係の強さを表している[3]。分析結果を確認してみると，まず，「男性」と「幸福感」に負の関係がある，つまり男性であることが幸福感に対して負の影響を与えていることがわかる。これは女性と比べて男性の幸福感が低いということを意味している。

次に職業関係では，「正規職」と「幸福感」が正の関係を示しており，正規職に就いている場合，幸福感が高いという関係がみられる。つまり，就労形態が正規雇用の場合，就労していない人および学生と比較して，幸福感が高いという傾向がみられるのである。働いていない人や学生が幸せと感じているかというと決してそうではなく，相対的に安定した働き口を得て，収入を得ていることが，本人の幸福感を高めるものと考えられる。

また，「階層帰属意識」が「幸福感」に正の影響を与えている。階層帰属意識とは，日本の社会全体を5つにわけた場合に「上」「中の上」「中の中」「中の下」「下」のどこに位置するかを尋ねた指標である。つまり，自らを社会全体の

中で高い階層に位置づけている若者ほど，幸福を感じているということになる。

　婚姻状況も幸福感に影響を与えており，「配偶者あり」と「幸福感」との間に正の関係がみられる。つまり，配偶者がいる場合，本人の幸福感が高まるという傾向があるといえる。配偶者に対する愛情，あるいは配偶者から得られる精神的なサポートが，本人の幸福感を高めていると解釈できるだろう。

　各種の世論調査を見ると，結婚に必ずしもこだわる必要はないという考え方をもつ人は多い。たとえば，内閣府による「男女共同参画社会に関する世論調査」では，「結婚は個人の自由であるから，結婚してもしなくてもどちらでもよい」という質問に対して約7割が肯定的な回答を示している。また，結婚は必ずしも幸福ではないといった話は，日常生活の中でも耳にすることが多く，定番のエピソードとして語り継がれている。もちろん，結婚をせず，幸福な人生を送っている人は多いだろうが，配偶者の有無が幸福感に影響を与える，つまり配偶者がいる人の方がより幸せと感じる傾向を，データは明確に示しているのである。

　最後に，学歴に関しては，「中学卒」が「幸福感」に対して負の影響を与えている。したがって，中学卒の場合は高校卒と比較して，幸福だと感じにくい傾向があるということになる。

　このように，本人の職業，婚姻状況，学歴などの属性によって幸福感が異なるという傾向がみられるのである。2000年代以降，日本の「格差社会」を論じた著作が数多く出版され，「格差」の拡大が指摘されるようになっている。また，「勝ち組」，「負け組」という言葉も流行語として盛んに使われるようになった。こうした「格差」は，若者たちの主観的な幸福感に対しても影響を及ぼしているといえるだろう。

(3) 若者たちの生活意識
――将来に対する見通し，閉塞感

　古市 (2011) によると，現代の若者たちは将来に対して希望がもてないから，現状に「満足」と答えざるを得ないとの解釈が示されている。つまり，将来は現在より良くなるとの希望がもてる場合は，現状に対する不満を躊躇なく表明することができる一方，将来に対して希望がもてない場合，将来が現状より悪くなると予想される場合，現在がよりましな状況だということになってしまい，これを肯定的に評価せざるを得ないのである。

　それでは，現代の若者たちは，現在の社会状況に対して，どのような評価をしているのだろうか。以下の図表Ⅷ-4 は，今の日本の社会において生活水準を向上させる機会がどのくらいあるかと尋ねた質問に対し，「あまりない」及び「全くない」と回答した割合の合計を示している。結果を見ると，80歳代で生活向上機会のなさを感じる人が少なくなっているものの，年齢層による差がそれほど明確にみられるわけではない。生活向上機会のなさを感じる割合が一番高いのは60歳代であり，20歳代および30歳代の若年層において，生活向上機会のなさ，すなわち閉塞感をもつ割合が高いというような傾向は特にみ

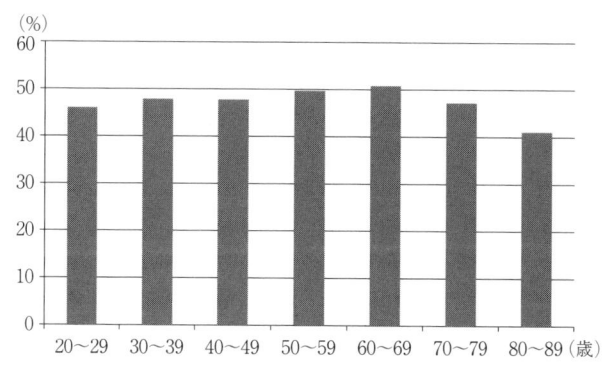

図表Ⅷ-4　生活向上機会のなさを感じる割合（年齢別）

注) JGSS-2000 から JGSS-2008 までの累積データをもとに作成

また，内閣府の「国民生活に関する世論調査」でも，今後の生活の見通しについて尋ねているが，若年層の方がむしろ今後の生活の見通しについて楽観的な態度を示している。2012年の調査結果によると，20歳代では26.0%が今後の生活について「良くなっていく」と答えているのに対し，50歳代では7.7%，60歳代では3.9%にまでその数値は落ち込んでいる。このように，「今後の生活の見通し」に関しては，若年層は他の世代と比べ，それなりに楽観的な見通しをもっているように思われる。

実際，客観的にみて，若年層が所得水準の向上を期待できない状況に置かれているかというと，必ずしもそうとはいえない。1990年代以降，成果主義型賃金体系が徐々に導入される中でも，年功序列型賃金体系が完全に駆逐されてしまったわけではなく，特に男性については，年齢とともに収入の水準も上昇する傾向がみられるからである。

厚生労働省が実施した「平成23年　賃金構造基本統計調査」によると，男性正社員の平均賃金は，年齢とともに上昇し，50〜54歳でピークを迎えていることがわかる（図表Ⅷ-5）。また，男性正社員に比べると上昇幅はかなり小

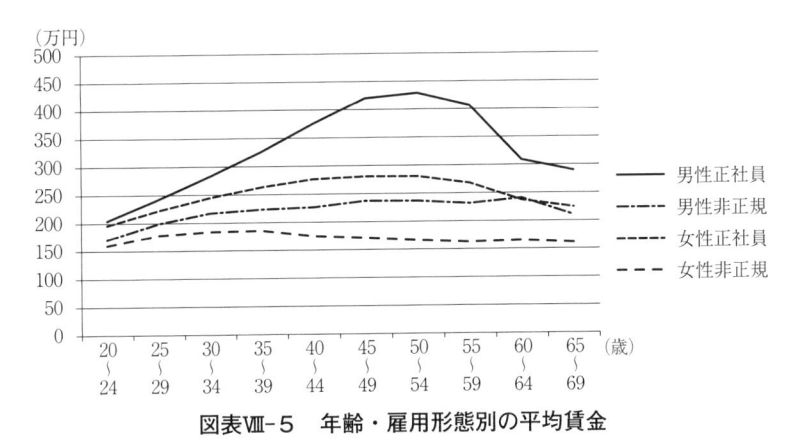

図表Ⅷ-5　年齢・雇用形態別の平均賃金

出所）厚生労働省「平成23年賃金構造基本統計調査」

さいものの，女性正社員，男性非正規でも同様の傾向はみられる。つまり，女性正社員および男性非正規に関しても，20 歳代の平均賃金と比べて，40 歳代及び 50 歳代前半の平均賃金は高いのである。このように，年齢による賃金の差が存在しており，こうした実態が「今後の生活の見通し」に対する期待を生んでいるものと思われる。

ただし，現在，年齢による賃金の差があるからといって，将来にわたってこうした年齢による賃金上昇効果が持続していくとは限らないだろう。1990 年代以降，年功序列型賃金の見直しは着実に進んでいるからである。厚生労働省が実施した「平成 24 年　賃金引き上げ等の実態に関する調査」によると，一般職に関しては，従業員数 100 人以上の企業のうち 64.7% で定期昇給が実施されているとの結果が示されており，多少なりとも賃金の上昇が期待できる職場がそれなりに存在している。しかしながら，日本経済団体連合会が 2012 年に発表した「経営労働政策委員会報告」では，定期昇給制度の見直しについて言及されており，経営側としては年齢とともに上昇する賃金カーブを抑制する意向をもっているといえるだろう。

また，長期的にみた場合，こうした経済状況の変化は，人びとの意識に着実に影響を与えている。先の「国民生活に関する世論調査」における「今後の生活の見通し」を尋ねた質問に対する回答の結果を改めて確認すると，2012 年の調査では「悪くなっていく」と答えた人が約 3 割存在しているのに対し，1990 年調査で「悪くなっていく」と答えたのはおよそ 1 割程度に過ぎない。その後，バブル経済の崩壊と軌を一にして，「今後の生活の見通し」として「悪くなっていく」と回答する割合が増加することになったのである。

以上のように，将来の生活の見通しについて悲観的な人の割合は増加する傾向にあるものの，若年層に関しては，年齢に伴うある程度の賃金上昇が見込まれることもあり，他の年代と比較して，それほど悲観的な態度を示していないといえるだろう。

それでは，若者たちが将来の生活向上機会に対して抱く見通しはどのような

要因によって規定されているのだろうか。結果をみると、大きく3つの要因が、生活向上の機会が十分にないという認識に影響を与えていることがわかる（図表Ⅷ-6）[4]。まず、男性という属性が、「生活向上機会のなさ」に対して負の影響を与えている。つまり男性の場合、女性と比べて生活向上機会のなさをあまり感じていないということになる。先にみたように、男性は、正社員になった場合、50歳代前半を頂点とする賃金カーブのレールに乗ることができる。こうした賃金構造が、男性の生活向上機会に関する認識を生み出しているものと考えられる。

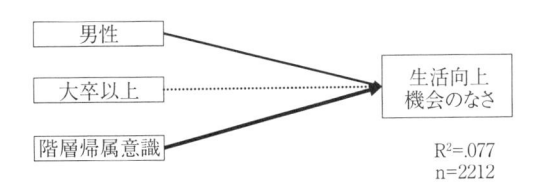

図表Ⅷ-6　若者の生活向上機会認知の規定要因

注）線の太さが関係の強さを、また実線は正の、点線は負の関係をあらわす。
JGSS-2000 から JGSS-2008 までの累積データの分析結果

$R^2=.077$
n=2212

次に、大卒以上の学歴の場合についても、同様に生活向上機会のなさを感じる割合が低いという傾向が見られる。大学以上の学歴をもつ層は、やはり正社員としての賃金カーブに乗りやすい層であると考えられ、こうした状況が生活向上機会のなさを感じにくくさせているのであろう。

最後に、階層帰属意識が、生活向上機会のなさの認識に対して負の影響を与えている。つまり、自らを社会全体のなかで高い階層に位置づけている若者ほど、生活向上機会のなさを感じていないということになる。これは逆にいえば、階層的地位が高い若者たちは、生活を向上させる機会が広く存在していると考える傾向があるということであり、自らの努力あるいは能力によって、高い地位に到達することが可能だと考える傾向があるのではないかと推察される。

(4) 若者たちの意識構造――幸福感と将来不安

先に述べたように、古市（2011）は、現代の若者たちは将来に対して希望がもてず、現状に「満足」せざるを得ない状況に置かれており、これが高い幸福

```
階層帰属意識  男性  大卒  配偶者あり  年齢  正規職
```

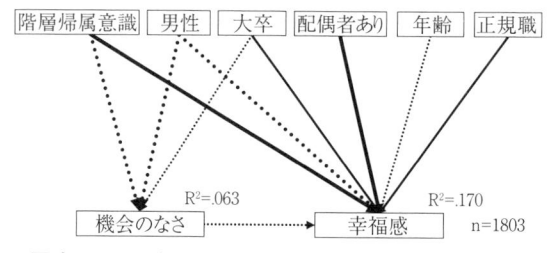

                                  $R^2=.063$ $R^2=.170$
                                  機会のなさ ------→ 幸福感   n=1803

図表Ⅷ-7　生活向上機会の認知と幸福感との関連

注) 線の太さが関係の強さを，また実線は正の，点線は負の関係をあらわす。
JGSS-2000 から JGSS-2008 までの累積データの分析結果

感につながっているのではないかと指摘している。つまり，将来への希望のなさが，高い幸福感の原因だと解釈しているわけである。

実際，データから，このような傾向は確認できるのだろうか。以下の図表Ⅷ-7に，パス解析という手法を用いて，「生活向上機会のなさ」に関する認識と，「幸福感」の関連を分析した結果を示している[5]。これを見ると，「機会のなさ」が「幸福感」に対して負の影響を与えていることがわかる。つまり，将来の生活向上機会がないと考えている人ほど，「幸福感」が低いということになる。データ分析の結果を見る限り，古市(2011)が指摘するような，将来への希望がもてないからこそ，現在が「幸福」と答えるような傾向は確認できず，むしろ将来への希望がもてないと考えている人は，幸福感が低いという傾向が見られるのである。

先に見たように，若者は，将来の生活向上機会に関して，ある程度楽観的な見通しをもっている。また，中高年世代に比べると生活満足度も高い。こうした結果を単純に解釈すると，「能天気」な若者が増えている，現代の若者には危機感がないということになってしまうのかもしれない。しかしながら，若者の幸福感が高いというのは，ある意味で当然であろう。若者というのは，中高年世代と比べると明らかに健康リスクも低いわけであるし，新しいことにチャレンジする時期でもある。こうした楽観性は若者の特権であり，むしろ望ましい特性のように思われる。日本経済が低迷し，将来に対する不透明性が増しつつある状況の中でも，若者たちはそれなりに希望をもち，たくましく生きているというのが，より実態に近い解釈だといえるのではないだろうか。

ただし，こうした幸福感とは別の問題として，若者の雇用環境が不安定化し

ていることは，玄田有史（2001）などが指摘するように，厳然たる事実として存在している。若者が，主観的に幸福だからといって，こうした構造的な問題は無視されるべきではないだろう。これは日本社会の再生産に関わる問題であり，世代や階層を超えた，社会全体としての取り組みが求められる。

［謝辞］

日本版 General Social Surveys（JGSS）は，大阪商業大学 JGSS 研究センター（文部科学大臣認定日本版総合的社会調査共同研究拠点）が，東京大学社会科学研究所の協力を受けて実施している研究プロジェクトである。

注

1) ただし，1984年から「あなたは現在の暮らしについてどう思っていらっしゃいますか」との質問文が，「あなたは，現在の生活についてどう思っていらっしゃいますか」に変更され，1992年から回答選択肢が「㈰十分満足している㈪十分とはいえないが，一応満足している㈫まだまだ不満だ㈬きわめて不満だ」から「㈰満足している㈪まあ満足している㈫やや不満だ㈬不満だ」に変更されており，解釈には注意を要する。
2) 2000年から継続して調査が行われており，本章では2000年から2008年までのデータを結合して分析に用いている。
3) 独立変数として用いたのは，「年齢」「男性」「正規職」「非正規」「自営」「配偶者あり」「中学卒」「短大・高専卒」「大学卒」「階層帰属意識」の各変数であり，職業の基準カテゴリは「無職・学生」，学歴の基準カテゴリは「高校卒」に設定している。また，各調査年のダミー変数を分析モデルに投入し，調査年による影響を除去した上で分析を行っている。分析の結果，有意な影響が確認された独立変数のみを図表に示している。また，標準化係数の絶対値が0.1以上の場合は太い線で，0.1未満の場合は細い線で示している。
4) 「幸福感」を従属変数にした分析と同様に，合計10個の変数を独立変数として用いた。また，各調査年のダミー変数を分析モデルに投入し，調査年による影響を除去した上で分析を行い，有意な影響が確認された独立変数のみを示すという点も同様である。
5) 「幸福感」「生活向上機会のなさ」を従属変数にした重回帰分析において，有意な効果が確認された独立変数のみを用いてパス解析モデルを作成した。「階層帰属意識」「男性」「大卒」「配偶者有」「年齢」「正規職」から「幸福感」お

よび「機会のなさ」へ影響を与えるすべてのパス，「機会のなさ」から「幸福感」へのパスを認めたモデルを分析し，有意な影響が認められたパスのみを表示している。

参考文献

古市憲寿『絶望の国の幸福な若者たち』講談社，2011 年
小谷敏・土井隆義・芳賀学・浅野智彦編『若者の現在；政治』日本図書センター，2011 年
大竹文雄・白石小百合・筒井義郎編著『日本の幸福度――格差・労働・家族』日本評論社，2010 年
山田昌弘『なぜ若者は保守化するのか』東洋経済新報社，2009 年
山田昌弘『希望格差社会』筑摩書房，2004 年
玄田有史『仕事のなかの曖昧な不安』中央公論新社，2001 年

コラム VIII 「おひとりさま」を楽しむ若者たち

　2000年代後半以降,「草食系男子」という言葉,あるいは「女子会」という言葉が広く用いられるようになっている。それほど明確な定義があるわけではないが,大まかにいうと「草食系男子」は恋愛に消極的な男性のこと,「女子会」は,女性同士でお茶やお酒を飲みながら会話を楽しむ集まりのことを指す言葉であろう。

　上記のような言葉の流行が示しているように,近年,カップルが成立しにくくなっており,カップルの成立を前提にした文化が衰退する一方,「ひとり」あるいは「同性」同士での付き合いを好む傾向が強まっているものと思われる。

　実際,国立社会保障・人口問題研究所による「出生動向基本調査」の結果をみると,1987年の第9回調査では,交際相手がいないと回答したのは未婚男性の48.6%,未婚女性の39.5%にとどまっていたが,2010年の第14回調査では,男性で61.4%,女性で49.5%にまでその値が高まっており,交際相手がいない人の割合は増加傾向にあることが確認できる。

　このように,交際相手がいる人の割合は全体的に減少しており,ひとりで過ごしたり,同性の友達との付き合いを楽しんだりといった形のライフスタイルをとる若者が増えているといえるだろう。こうした「おひとりさま」や「同性」同士の文化は,おそらく若者たちにとって居心地がいいものなのだろう。カップルでいるよりも束縛が少なく,自由を楽しめるといった点がメリットとして認識されているのかもしれない。

　しかしながら,こうした傾向によって,未婚率の上昇に拍車がかかると予想される。先にみたように,配偶者の有無は,本人の幸福感に影響を与える大きな要因の一つとなっている。また,山田(2004)によると,収入が,配偶者の有無に影響を与えているとも指摘されている。収入の低さが配偶者との結婚を難しくし,その結果,本人の主観的幸福感が下がるという構造的な問題が存在するのだとしたら,「おひとりさま」を個人の問題として無視することは決して望ましいことではない。社会的な問題として対処をすることが必要になってくるだろう。

索　引

あ　行

アイエンガー，S.　　93
アーツ，H.　　111
アルコール依存症　　112
RDD（Random Digit Dialing）　　99
アルバイト　　32, 57-60, 67, 74, 75, 77
インターネット　　87, 89
インターンシップ　　60
内婚原理　　40, 41
衛藤英達　　106
尾高邦雄　　68
オーディエンス　　83
親子関係　　29, 32-35, 37

か　行

外婚原理　　40
皆婚社会　　49
階層帰属意識　　118, 123
核家族　　29, 31
核家族世帯　　22
格差社会　　119
学生運動　　17, 18, 27
家族　　9, 11, 25, 29, 33, 34, 38
家族社会学　　29
勝浦正樹　　106
学校　　9-12
空になった巣　　12
疑似環境　　90
議題設定効果　　92
喫煙率　　109, 110
キャンパスライフ　　58, 66
急性アルコール中毒　　108, 112
共同生活　　7, 30
強力効果説　　91, 94
近親結婚の禁忌　　40
クラブ活動　　38, 55, 58, 59
クラブ・サークル活動　　104
携帯電話　　61, 85, 88, 106
結婚　　11, 12, 30, 31, 40, 42, 43, 45, 47-49
結節機関　　22
健康リスク　　103, 107, 108, 110, 124
玄田有史　　125
限定効果説　　91, 94
厳父慈母　　34, 35
高学歴化　　53
高等学校　　53
高等教育　　54, 55
高度経済成長　　17, 20, 23, 53, 54, 72
高度情報化社会　　89
幸福感　　116-119, 124, 127
高齢化　　17-19, 23-25
高齢化社会　　23
高齢期　　24
高齢者　　24, 25, 53
高齢社会　　23
国際結婚　　41
コピペ（コピー＆ペースト）　　89
コミュニケーション　　7, 8, 85
コント，A.　　9

さ　行

サイバー・カスケード　　89
産業化　　17, 18, 20-22, 71
産業革命　　16
産業構造　　19
サンスティーン，C.　　89

三世代世帯　31
JGSS（日本版総合的社会調査）　116
JGSS研究　125
嶋根卓也　107
清水幾太郎　10
社会意識　13
社会化　10, 33
社会学　8, 9
社会構造　11, 13, 14
社会集団　9
社会的人間　10
社会福祉　25
社会保障　25
ジャーナリズム　87
重回帰分析　118
就職氷河期　116
少子化　17, 32, 45, 48, 54
職業　68, 69
職業構造　69, 71
職業社会学　68
職場結婚　41
女子会　127
震災婚　48, 52
新聞離れ　85, 88
鈴木栄太郎　21
ステレオタイプ　90
スポーツ離れ　106
成果主義型賃金体系　121
生活向上機会　120, 123, 124
生活時間　55
生活習慣病　104, 105, 107, 108, 110
生活満足度　115, 117, 124
正規雇用　118
正規雇用者　50, 51, 77
政治意識　95, 99
政治関心　97
政治的信頼　97

政治的有効性感覚　98, 100
生殖家族　30, 31, 40, 44, 48
青年期　9-11, 104
成年擬制　45
性別役割　33, 44
政略結婚　46
セックス　44-46
世論　94
世論調査　91, 95, 99, 119
専門職　72
専門職社会　71
専門的・技術的職業従事者　71, 73
草食系男子　127
ソーシャルメディア　17, 88
即効理論　91

た　行

大学　40, 54, 60, 62, 67
大学生　55-58, 62, 64, 66
第三の波　15, 16
大量飲酒　107, 108
武内清　61
脱工業社会　21
地域社会　9, 21, 25, 97
中効果モデル　91
超高齢社会　24
超超高齢社会　24
沈黙の螺旋効果　94
定位家族　30, 31, 39
デイクステルホイス, A.　111
デーヴィス, K.　8
テレビゲーム　106, 107
テレビ離れ　85, 88
都市　21-23, 38
都市化　17, 18, 21, 22
都市社会学　21
トフラー, A.　15-17

友だち親子　35, 37
トロウ, M.　54

な 行

永山貞則　106
ニート　68
年功序列型賃金　122
年功序列型賃金体系　121
ノエル＝ノイマン, E.　94

は 行

パーキン, H.　71
パート　75, 77
パートタイム　32, 74
配偶者　42
派遣社員　67, 75
派遣労働者　74, 75
橋本良明　85
パス解析　124
パソコン　88, 106-107
パーソナルメディア　83, 87
バブル経済　14, 17, 116, 120
パラサイトシングル　49
晩婚化　45, 49
東日本大震災　17, 48, 54, 73
非正規雇用者　50, 51, 60, 67, 73, 74, 77, 80
ヒトラー, A.　91
平山雄一　109
父子世帯　32
父性原理　33, 34, 37
プライミング効果（誘発効果）　92, 93
フリーター　68, 73-75
古市憲寿　115, 120, 123, 124
ブルーカラー　71
フレーミング効果（枠付け効果）　93
プロパガンダ　91

平均寿命　12, 103
平均初婚年齢　48, 49
ペティ・クラークの法則　19
ベル, D.　21
母子世帯　32
母性原理　33, 37
ホワイトカラー　16, 71

ま 行

マスゴミ　86
マスメディア　16, 17, 69, 83-88, 90, 94, 98
見合い結婚　42
未婚化　45, 49
未婚率　14, 127
溝上慎一　61, 66
メディア環境　84
メディアリテラシー　89
望月嵩　44, 45
森岡清美　29, 31

や 行

山田昌弘　116, 127
友人　38

ら 行

ライフイベント　44, 48, 52
ライフコース　9-13, 18, 21, 30, 36, 38, 43, 49, 52, 55, 56, 64, 68, 69, 76, 77
ライフスタイル　14, 20, 104, 105, 110, 127
ラザーズフェルド, P.　91
リスク・テイキング行動　113
リップマン, W.　90
リーマンショック　17, 73
恋愛結婚　42

わ 行

ワークライフバランス　77

ワース, L.　21
和田清　107

現代を生きる若者たち

2013 年 3 月 30 日　第一版第一刷発行
2016 年 3 月 10 日　第一版第二刷発行

編著者　木　村　雅　文
発行者　田　中　千津子

発行所　〒153-0064 東京都目黒区下目黒 3-6-1
　　　　☎ 03(3715)1501　FAX03(3715)2012　株式会社　学　文　社
　　　　振替　00130-9-98842

検印省略　　　　　　　Ⓒ 2013 KIMURA Masafumi Printed in Japan
印刷所／新灯印刷㈱　　http://www.gakubunsha.com
ISBN978-4-7620-2368-2